U0801693

本书系国家社科基金项目（12BFX041）
“行政法律责任的理论与实践研究”之最终成果。

行政法律责任的规范构造与价值机理

现有研究的修正与重述

余 军 著

法律出版社 LAW PRESS·CHINA
北京

图书在版编目(CIP)数据

行政法律责任的规范构造与价值机理：现有研究的修正与重述 / 余军著. -- 北京：法律出版社，2023
ISBN 978 - 7 - 5197 - 7607 - 7

Ⅰ. ①行… Ⅱ. ①余… Ⅲ. ①行政法－法律责任－研究－中国 Ⅳ. ①D922.104

中国国家版本馆 CIP 数据核字(2023)第 031511 号

行政法律责任的规范构造与价值机理
——现有研究的修正与重述
XINGZHENG FALÜ ZEREN DE GUIFAN GOUZAO YU JIAZHI JILI
—XIANYOU YANJIU DE XIUZHENG YU CHONGSHU

余 军 著

责任编辑 冯雨春 李 军
装帧设计 贾丹丹

出版发行 法律出版社
编辑统筹 法律应用出版分社
责任校对 张翼羽 李景美
责任印制 刘晓伟
经　　销 新华书店
开本 A5
印张 6.125 **字数** 200 千
版本 2023 年 3 月第 1 版
印次 2023 年 3 月第 1 次印刷
印刷 北京虎彩文化传播有限公司

地址:北京市丰台区莲花池西里 7 号(100073)
网址:www.lawpress.com.cn
投稿邮箱:info@lawpress.com.cn
举报盗版邮箱:jbwq@lawpress.com.cn
销售电话:010 - 83938349
客服电话:010 - 83938350
咨询电话:010 - 63939796
版权所有·侵权必究

书号:ISBN 978 - 7 - 5197 - 7607 - 7　　**定价**:48.00 元
凡购买本社图书,如有印装错误,我社负责退换。电话:010 - 83938349

目　录

第一章　绪论：术语说明、问题的提出与研究进路

第一节　术语说明

一、行政法律责任

本书所称的行政法律责任，是中国行政法学中的特有称谓。随着20世纪末《行政诉讼法》的颁布与实施，行政法律责任一度成为学界研究的热点问题。[①] 广义的行政法律责任乃是“行政法律关系主体的责任”，将责任的主体定位于行政法律关系主体（包括行政主体、行政相对人和公务员）；狭义的行政法律责任包括行政主体的责任和行政相对人的责任。主流观点倾向于狭义说中的行政主体责任，即行政法律责任是行政主体及执行公务人员因行政违法或不当，违反其法定职责和义务而应当依法承担的否定性法律后果。[②]

---

① 代表性著述如王成栋：《政府责任论》，中国政法大学出版社1999年版；朱新力主编：《行政法律责任研究——多元视角下的诠释》，法律出版社2004年版；古力、余军：《行政法律责任的规范分析——兼论行政法学研究方法》，载《中国法学》2004年第5期；等等。

② 参见朱新力主编：《行政法律责任研究——多元视角下的诠释》，法律出版社2004年版，“导言”第2页。

这种意义上的行政法律责任,尽管被认为包含了行政行为的撤销、确认无效、变更等责任形式,[①]但仍可大致对应于西方两大法系公法上的“政府责任”“政府侵权责任”“联邦责任”等,其含义限于行政机关因其公务活动给公民合法权益造成的损害承担的赔偿责任。

然而,随着风险社会、福利行政等理念和话语在行政法领域的显现,当今各国的行政机关责任显然已经不再局限于损害赔偿责任,“公法责任”理念逐渐通行于国内行政法学界,滥觞于德国的以损害赔偿和损失补偿为支柱的责任体系逐渐被学界所接受。国内学界关于行政法律责任的研究早已不再拘泥于损害赔偿责任,补偿责任甚至是超出传统责任理论架构的“国家救助责任”“为国民提供福利的责任”均试图遁入公法责任的范畴(其合理性有待下文探讨)。与此相对应,在立法与司法制度实践层面,官方亦试图建构我国本土化的国家责任概念。2016年发布《最高人民法院关于加强和规范人民法院国家司法救助工作的意见》,正式建立起国家司法救助制度,赋予法院的国家赔偿职能机构以司法救助职能,意在推动我国的国家责任制度“从国家赔偿一元重心向国家赔偿与司法救助二元重心的全面转移”[②],司法救助制度虽然不属于政府责任(行政责任)的范畴,但这种制度发展表明了我国公法上的责任话语体系扩大化的倾向。按照有关权威人士的意见,中国本土化的国家责任体系,将“以国家赔偿责任、国家补偿责任、国家救助责任和社会保障责任为主要内容……对公民承担损害填补、困难救济和基本生存保障的法律义务与法律责任”[③]。

---

① 参见胡建淼:《行政法学》,法律出版社2003年版,第十七章“行政责任”。

② 陶凯元:《推动国家赔偿和司法救助工作新发展》,载中华人民共和国最高人民法院网2017年11月23日,http://courtapp.chinacourt.org/zixun-xiangqing-70162.html。

③ 陶凯元:《法治中国背景下国家责任论纲》,载《中国法学》2016年第6期。

鉴于上述趋势,本书对行政法律责任这一传统称谓作广义的界定,它显然不仅仅指行政赔偿责任,而是大致可对应于域外公法上的"公法责任"概念,包含了损害赔偿和损失补偿两大基本形态。需要说明的是,按照国际公法学界之通说,公法一般是指宪法与行政法,宪法上的责任是指违宪责任,这是一种具有浓厚政治色彩、关涉立法等抽象规范制定行为之效力的责任形态,在严格意义上并非真正的法律责任。因此,所谓公法责任,一般指向宪法责任以外的公法意义上的责任,主要是指行政法上的责任。当然,广义的公法责任还包括司法责任、冤狱责任等。本书讨论的行政法律责任定位于宪法责任以外的公法责任,亦不包括司法责任、冤狱责任等行政法以外的责任形态。

二、公法责任

公法意义上的"国家责任"滥觞于德国法,德文单词 Staatshaftungsrecht 的含义就是指"国家责任法"。公法上的国家责任,是指"国家就其行使公权力行为,致公民生命、身体与财产等法益遭受损害的结果,所承担的损害赔偿或补偿的责任"①。公法上的国家责任是广义的国家责任的下位概念。广义的国家责任包含国家私法责任和国家公法责任。前者是指国家就其私法行为致公民生命、身体与财产等法益遭受损害的结果,所承担的损害赔偿或补偿的责任,又称国库责任,指国家以国库财产为担保,处于私法人的地位从事法律活动,受私法支配。② 后者是指国家在公法上所应承担的责任,

---

① 董保城、湛中乐:《国家责任法——兼论大陆地区行政补偿与行政赔偿》,台北,元照出版有限公司2005年版,第1页。

② 参见王锴:《我国国家公法责任体系的构建》,载《清华法学》2015年第3期。

在德国公法理论上,一般将国家公法责任称为国家责任或公法责任。在国际法上,同样存在国际法律关系意义上的"国家责任"概念,但与本书所指的国家责任概念相去甚远。综上所述,本书所称的公法责任,指向国家公法责任概念,不包括国家私法责任与国际法意义上的国家责任。一般情况下,书中出现的"国家责任"即指"国家公法责任","公法责任"则是"国家公法责任"的简称。中国行政法上长期存在行政法律责任这一称谓,正如上文所言,本书采宽泛意义上的行政法律责任,可对应于公法责任。

需要进一步斟酌的是,由于"责任"一词语义的多义性,在不同语境中所指的对象往往千差万别。那么,源自德国法上的公法责任,是否属于严格意义上的法律责任范畴呢?汉斯·凯尔森的纯粹法学为此提供了参照。凯尔森认为,规范层面上的法律责任概念,是指某人作出了与法律规范的"相反行为",他因此应当受到"制裁",①即法律责任必须在作为条件行为的"相反行为"和"制裁"的关系中得以说明。这一学说的合理性得到了民法上责任理论以及传统日耳曼法学说的印证和支持,具有很大的影响力和权威性。②德国公法责任体系将以征收为核心的损失补偿也纳入其中,而征收之补偿乃是征收之前提条件,即合法的征收必须以补偿为必要条件。易言之,征收补偿中公权力并未作出任何相反于法规范的行为,也就无所谓"制裁",从而无法满足法律责任的构成要件。在我

---

① 参见余军、朱新力:《法律责任概念的形式构造》,载《法学研究》2010年第4期。

② 民法上有关义务与责任的关系,完全体现了凯尔森责任理论的机理:罗马法时代,债与责任合称为债务,责任常随债而生,二者不可分离;德国日耳曼法始将债(Schuld)与责任(Haftung)相区分,以债为"当为"给付之义务,责任乃"强制",为此义务之财产担保,债务人不为给付时(凯尔森所称的作出相反行为),债权人得依强制执行之方法(凯尔森所称的制裁),以实现债权,参见史尚宽:《债法总论》,中国政法大学出版社2000年版,第3页。

国行政法上,也存在将行政征收补偿视为法律责任的观点(补偿责任)。[1] 德国公法责任体系将征收补偿纳入其中,与其国家责任体系的双轨制有关(行政行为的合法性审查由行政法院管辖、行政赔偿诉讼由普通法院管辖),实际上是一种功能主义立场的便宜做法,[2] 但在法理上,合法的行政征收补偿是否属于法律责任范畴殊值疑问。因此,在严格意义上,德国法上公法责任的所有类型并非完全属于规范层面上的法律责任范畴。这也是本书将要讨论的问题之一,这关涉如何适切地定位中国行政法上的责任范围。

三、法律责任

行政法律责任、公法责任均为法律上的规范性概念,因此,它们都是法律责任的下位概念。本书认为,中国行政法上关于责任研究所呈现的种种问题,在很大程度上都可以追溯至对法律责任这一基础概念的含义与结构的认识不清。而对法律责任概念的界定,将直接影响对作为其下位概念的行政法律责任的研究与认识。本书所采用的法律责任概念是具有权威性和公认度的纯粹法学的创始人汉斯·凯尔森(Hans Kelsen)以及新分析实证主义法学大师哈特(H. L. A. Hart)的经典理论。其中,哈特的贡献在于通过语义分析,界定了法律责任和其他语境中责任的关系;而凯尔森则为我们明确地阐释了法律责任的规范结构之原型,该原型即为本书研究的出发点。

法律责任的难以界定在某种程度上与“责任”一词的过度使用

---

① 参见李俊、夏军等:《试论我国行政补偿制度》,载《法学评论》1997 年第 1 期。

② 参见蒋成旭:《公法责任的概念及其体系化——基于凯尔森规范理论的拓展应用》,浙江大学 2017 年博士学位论文,第 6 ~ 7 页。

有关。在现代汉语中，责任通常具有以下三种含义：一为“应尽的职责”“义务”；二为“过错、谴责”；三为“处罚、后果”。[①] 而英文中 duty、responsibility、liability 等词在不同的场合均具有责任的含义。日常生活语境中“责任”一词的多义性常常会模糊、遮蔽对规范意义上法律责任概念的理解。因此，对法律语境中责任概念的界定首先必须将其从日常生活语境中剥离出来。在这方面，新分析实证主义法学的代表人物哈特（H. L. A. Hart）运用语义分析的方法，成功地厘清了“责任”一词的各种含义以及与法律责任概念的关系，他通过一个虚构的沉船事件，界定了“责任”一词的四种含义：

（1）角色责任（role-responsibility），是指担任或占据一定的职位、地位应负的责任。

（2）因果责任（causal-responsibility），指人的行为（作为或不作为）成为某种结果的原因引起的责任。

（3）法律责任（legal liability-responsibility），即违法者因其违法行为应受到的惩罚，或被迫赔偿。

（4）能力责任（capacity-responsibility），是指某人对一定的行为负责，建立在他具有一定的正常能力的基础之上（思考、理解和控制行为的能力）。

在哈特看来，法律责任就是“因行为或伤害在法律上应受惩罚或被迫赔偿”，法律责任的成立是以其他三种责任为要件或基础的。角色责任说明主体的某种法律地位对于法律责任的意义，它说明了处于特定法律关系中的主体所应履行的义务，对这些义务的违反是法律责任发生的前提，因果责任为法律提供客观归咎的事实依据，

① 参见《新华字典》，商务印书馆 1980 年版，第 1050 页。

而能力责任则是法律责任中主观归责的机制。[①]

哈特对法律责任的界定可谓与纯粹法学的创始人汉斯·凯尔森(Hans Kelsen)的学说具有异曲同工之效。凯尔森的学说强调法主要与权力、强制和制裁有关,因此他把“制裁”作为责任的中心词,他认为法律责任是与法律义务相连的概念,一个人在法律上对一定行为负责,或者他在此承担法律责任,意思就是如果作出与法律规范的“相反行为”,他应受制裁。[②] 制裁是凯尔森责任理论的关键词,在凯尔森的早期理论中,制裁就是指惩罚与赔偿,哈特所称的“应受惩罚或被迫赔偿”与其如出一辙;而凯尔森认为法律责任(制裁)发生的条件行为(condition)是指某人作出了与法律规范的“相反行为”,此即哈特所言的“因行为或伤害”。哈特、凯尔森的法律责任理论堪称在一般法理学的层面上完成了自足的、作为规范性概念的法律责任之建构。一言以蔽之,法律责任就是因实施了与法律规范相反的行为(凯尔森称为“不法行为”)而应当受到的制裁。

我国学者张文显教授把法律责任定义为“由于侵犯法定权利或违反法定义务而引起的、由专门国家机关认定并归结于法律关系的有责主体的、带有直接强制性的义务,亦即由于违反第一性法定义务而招致的第二性义务”[③],这一定义将法律责任定位于第二性义务,厘清了作为基础概念的法律义务与法律责任的关系,亦对我们认知法律责任的规范结构颇有助益。

---

① See H. L. A. Hart, *Varieties of Responsibility*, Law Quarterly Review 83, 1967. 关于哈特法律责任理论的中文介绍,参见陈兴良:《本体刑法学》,商务印书馆 2001 年版,第 6、296 ~ 298 页;张文显:《二十世纪西方法哲学思潮研究》,法律出版社 1996 年版,第 470 ~ 474 页。

② See Hans Kelsen: *Pure Theory of Law*, translated by Max Knight, University of California Press, 1967, p. 119.

③ 张文显:《法学基本范畴研究》,中国政法大学出版社 1993 年版,第 185 ~ 187 页。

在刑法领域,还存在关于法律责任的"谴责说",如哈特将责任主要归结为主观罪过,[①]即行为者在实施符合刑法上之犯罪构成要件的违法行为时所应受之道义的或社会的非难。这种意义上的责任实际上指向了法律责任构成中的归责要素,它同样也存在于民法、行政法中,如过错责任原则意味着对行为人主观心理过错的某种谴责或非难。[②]

上述学者对法律责任的研究为我们界定行政法律责任的规范含义提供了认知基础:凯尔森的理论为我们研究行政法律责任的规范结构提供了理论原型;哈特关于法律责任概念与其他三种责任的关系以及归责要素的分析则为我们认知行政法律责任的构成提供了指引;张文显教授的第二性义务说明确指出了义务和责任这一对基本法律概念的区别;哈特将刑事法律责任主要归结为主观罪过的观点,则指向了法律责任的归责机制。这些理论将成为本书后续章节讨论行政法律责任的基础性理论。

正如德沃金所指出的,法理学的一般理论"旨在阐释法律实践的主要特点和基本结构,而不是法律实践的某一具体方面或具体部分"[③],法律责任概念一般理论的建构尚不足以消除各种具体情形中的歧义,部门法学中的法律责任概念仍然充满分歧。对此,哈特曾指出,由于人们在各种场合中对"责任"一词的过度使用以及其语义的复杂性,很容易导致各种具体的场景中法律责任概念的混乱。部

---

① 参见[英]H. L. A. 哈特:《惩罚与责任》,王勇等译,华夏出版社1989年版,第207页。

② 国内学界较有影响的观点还有"不利后果说"(参见刘作翔、龚向和:《法律责任的概念分析》,载《法学》1997年第1期)、"责任关系和责任方式说"(参见孙笑侠:《法的现象与观念》,山东人民出版社2001年版,第195页)。"不利后果说"实际上是对制裁说的引申,而"责任关系和责任方式说"则包括了制裁说和义务说两个方面的内容。

③ [美]德沃金:《法律帝国》,李常青译,中国大百科全书出版社1996年版,第83页。

门法学研究中关于法律责任的争论与困惑并非中国法学之特有现象，德国学者哈夫特曾因德国刑法学界对刑事法律责任研究之“乱象”作出过“运用法律技术无法把握法律责任”之悲观论断。[①] 从法律学方法论的立场考察，哈夫特的论断或许过于悲观。诚如卡尔·拉伦茨所言，法律学（狭义或本义的法学）的实质乃是“法教义学”，是一门“认识程序必须受到——与此范围内不可再质疑的——法律规定的约束”之学问，[②]因而对于法律责任——这个法律学上的基本概念的探究，实际上是一个受制于实证法规则的认知过程。这种基于特定“时空”或“情势”的知识探究过程并非如哈夫特所言是“不能把握的”，其往往具有确定性。

四、不法与违法

在我国行政法上，违法概念往往指向行为对具体法规范的违背，多数场合用以指称行政机关的行政行为违背法规范，即行政行为违法。行政行为违法被认为是行政行为的实质要件或形式要件缺失，[③]或者基于行政行为的成立要件和合法要件之区分，认为行政违法是指行政机关作出的行政行为不符合合法要件。[④] 然而，由于

---

① 哈夫特指出：“如果说责任问题是刑法的根本问题，那么明确责任概念就是第一要求，但是，我们离这种状态还很远。实际上，运用法律技术是不能完全把握责任概念的。不仅如此，在应该成为法律学的帮助者哲学中，也没有成功地阐明人类责任的本质，没有使法律学能够把它作为一个确定的、普遍承认的概念来使用。”转引自冯军：《刑事责任论》，法律出版社 1996 年版，第 9 页。

② 参见[德]卡尔·拉伦茨：《法学方法论》，陈爱娥译，台北，五南图书出版公司 1997 年版，第 119 页。

③ 参见许宗力：《行政处分》，载翁岳生编：《行政法》（上册），中国法制出版社 2009 年版，第 675 页。

④ 参见章剑生：《现代行政法总论》，法律出版社 2014 年版，第 278 页。

汉语中诸多文字的语义含糊,“违法”概念又很容易与侵权法意义上的“不法”概念相混同。在汉语的日常生活语境中,这两个概念的语义区别不大,以致遮掩了它们作为法律规范概念的意义与功能的区分。

由于上述概念的混淆,在我国行政法律责任研究中引起了一些争议,如我国行政法上独创的违法归责原则,很可能缘起于对域外国家赔偿构成要件中的“不法”概念的误解。[①] 本书认为,对这两个概念的含义、功能以及使用语境的差别,有必要予以厘清,以免引起不必要的争议。

作为法律规范性概念的“违法”与“不法”之区分肇始于大陆法系国家,后经日本法学的传承,被我国法学所吸收。但由于这两个词在汉语中意义接近,导致在法学研究常被人误解而互换、等同使用。

在欧洲各国的语言中,“法”具备多种表述方式。如在德文中,gesetz 和 recht 两个单词均可翻译为“法”。它们在法律语境中分别指向不同的意义脉络:其一,gesetz 指向具体的成文法规范,包括规定、规则;其二,recht 指向观念性的法、整体的法秩序、价值意义上的法,相当于英语中的 justice,具有正义、正确的含义。[②] 与这两个单词相对应,产生了“违法”与“不法”的含义,它们分别代表着法律上两种不同的评价机制。

首先,对应于 gesetz 的是“违法”(gesetzwidrig)概念,是指对具体法规范、规定或规则的违反。[③] 日常生活语境中通常所说的违法就是指这种意思。从法律评价机制角度看,“违法”实际上是依据法

① 参见周汉华:《论国家赔偿的过失责任原则》,载《法学研究》1996 年第 3 期。

② 参见陈忠林主编:《违法性认识》,北京大学出版社 2006 年版,第 6 页。

③ 参见陈忠林主编:《违法性认识》,北京大学出版社 2006 年版,第 5 页。

规范对行为所作的客观评价，只要行为与具体的法规则或禁止命令抵触，就可作出违法性评价。作为一种法律评价机制，“违法”体现了法定主义调整方式的要求——将法看作客观的评价规范，即凡是违反作为客观评价标准的法规范的行为均属“违法”，而不论行为人是否存在过错。这种违法性评价在行政诉讼制度中指向行政行为违法，即行政行为违法是指对具体的上位法规范的违背，违法的效果在于行政行为效力瑕疵评价。此种违法的含义与行政法上的依法行政原则一脉相承，依法行政原则体现了行政法以法定主义为主要调整方式的特征，即将法律规范作为客观的评价标准，实现对行政行为效力的评价与规整，从而最终发挥以法律拘束行政、统合行政法律秩序的功能。

其次，对应于 recht 的是“不法”（Völkerrechtswidrige）概念，是指对观念性的法、整体的法的违反，具有价值判断的意味，而不是客观评价。这种不法概念与凯尔森纯粹法理论中“不法”概念相一致——“不法”必须在整体法律秩序的意义上理解，“不法行为”是“根据法律秩序的意图必须加以避免”的行为，[①]在凯尔森的理论中，不法行为是发生法律责任的前提条件——由于不法行为被整体法秩序所否定，从而导致法律的制裁，而制裁正是法律责任的核心含义。这种对“不法”的界定为法律责任制度提供了基础性前提条件——行为的不法性（违反整体法秩序）是发动法律责任调整机制的正当性基础，不法性因而成为所有法律责任的必备要件。[②] 这在传统的大陆法系责任理论中尤其明显，其刑事责任、侵权责任与国

---

① See Hans Kelsen, *Pure Theory of Law*, translated by Max Knight, University of California Press, 1967, p. 111；［奥］凯尔森：《纯粹法理论》，张书友译，中国法制出版社 2008 年版，第 57 页。

② 参见曾世雄：《损害赔偿法原理》，中国政法大学出版社 2001 年版，第 59 页。

家赔偿责任之构成要件中,均强调不法是法律责任的构成要素,并形成了包含“客观不法性”与“主观有责性”的法律责任的基本结构。[①] 其中,不法性判断是在行为满足构成要件的基础上,考察行为结果导致的权益损害是否具有整体法秩序意义上的不法阻却事由(包括正当防卫、紧急避险、自助行为、行使职权等),不具备不法阻却事由即构成不法。特定的行为只有在客观上具备不法性,才能进入有责性层面的判断。司法实务中的主流观点将不法性定位于考察行为在结果上导致的侵害是否被整体法秩序所容忍,这种学说因而被称为结果不法说(Erfolgsunrecht)。[②] 对结果不法说构成挑战的是行为不法说(Handlungsunrecht)。[③] 该学说认为,判断不法性不仅须考察行为的结果,而且亦须关注行为本身。行为不法性的成立须以行为人的故意、过失为必要。故意的判断相对较为容易,判断过失较容易引起争议。侵权法理论于是发展出了用以判断过失的违法性评价机制,只要行为人在客观上违反了法秩序中的注意义务规范即可推定为过失,即过失的客观化。[④] 反之,若行为人已尽到必要注意义务,即使其行为具有侵害他人权益的客观后果,也不能被认为构成违法。行为不法说将缺少合理的注意增加为不法概念的组成部分,不法意味着过失的存在,意在实现过失判断的客观化以减少争议。

行为不法说使不法概念与违法概念发生了勾连。那么,在行政

① 参见周友军:《德国民法上的违法性理论研究》,载《现代法学》2007 年第 1 期。

② 参见王泽鉴:《侵权行为法》(第 1 册),中国政法大学出版社 2001 年版,第 229 页。

③ See B. S. Markesinis, *The German Law of Obligations Volume* Ⅱ *The Law of Torts*: *A Comparative Introduction*, 3rd edition, Clarendon Press, 1997, p. 70.

④ See B. S. Markesinis, *The German Law of Obligations Volume* Ⅱ *The Law of Torts*: *A Comparative Introduction*, 3rd edition, Clarendon Press, 1997, p. 68.

法上，行政行为的违法是否可用以推定过失的存在呢？如上所述，只有行为人在客观上违反了法秩序中的注意义务规范方可推定为过失。也就是说，行政行为违法并不必然可用以推定过失，如果行政行为违法——它所违反的是行政法秩序为行政机关所设定的注意义务规范，方可用以推定过失（详见本书第四章）。

本书在后续的讨论中，将严格区分两个概念的使用语境。在论及行政法律责任的构成要件或结构要素时，对公权力活动导致损害从整体法秩序角度所作的负面评价，用“不法”一词；而对于引起行政行为效力瑕疵的行政行为违背法规范的情形，则用“违法”一词。

第二节　问题的提出

法律责任是法律陈述中最为常见的概念之一。“行为人应对其违法行为承担法律责任”“政府负有保护公民财产权的法律责任”诸如此类的表述已为人们耳熟能详。人们似乎是如此熟悉这个概念的意义，以至于在各种法律语境中对它的使用达到了“信手拈来”的程度。[①] 然而，从严格的法律学意义上看，作为基础性概念[②]的法律责任之含义却远非毫无疑问。在当下中国行政法的理论研究与制

① 不仅是在法律表述中，伦理学家、历史学家乃至普通民众在诸多场合均使用“责任”或与“责任”有关的术语，但其所指的含义不尽相同。

② 我国法理学界、民法学界的主流观点认为，“法律权利”、“法律行为”和“法律责任”是所有法律制度的“核心范畴”和“基础性概念”，它们是对法律进行实证研究的基础和起点。这种认识十分精准地概括出一般意义上法律制度的逻辑结构。参见孙笑侠：《法律对行政的控制——现代行政法的法理解释》，山东人民出版社1999年版，第149页；魏振瀛：《〈民法通则〉规定的民事责任——从物权法到民法典的规定》，载《现代法学》2006年第3期。

度实践中,法律责任一直是一个远未达成共识,甚至可以说是充满歧义的概念,也正因为如此,有关行政法律责任的研究亦经久不衰。概言之,中国行政法上关于法律责任的认知具有以下特征。

一、作为规范性概念的行政法律责任含义不明晰,致使责任概念被泛化使用

尽管在20世纪90年代我国已经制定《国家赔偿法》,而按照国际法学界之通说,行政法上的责任应主要对应于行政赔偿、补偿之范畴,但我国行政法学界对行政法律责任的定位十分宽泛。例如,早期一种颇具影响力观点认为,行政主体承担的行政法律责任是指行政主体基于行政违法行为或行政不当行为,违反其法定职责和义务而应依法承担的否定性的法律后果,但在责任形式上,该观点将行政损害赔偿、行政行为因违法、不当而被确认无效、撤销、变更均纳入其中。而这仅仅是狭义的行政法律责任概念,更广义的行政法律责任甚至包括行政法律规范要求行政主体在具体的行政法律关系中履行和承担的义务,它包含了岗位责任和行政责任两个方面。① 这是一种“泛化”的法律责任概念,它使责任的外延无限扩大,并与义务概念相混同,更接近于大众语境中的责任含义,从而忽略了法律责任作为法律学上的规范性概念之属性。

而在晚近以风险社会、福利行政为背景的相关研究中,责任概念的宽泛化趋势则更为明显。尤其是2016年3月山东非法疫苗案发生以来,随着疫苗接种事故的问责和补偿问题获得空前关注,社会公众舆论基于风险分散的理念,要求政府对合规药品致害承担补

---

① 参见胡建淼:《行政法学》,法律出版社2003年版,第十七章“行政责任”。

偿责任、要求为刑事被害人承担补偿责任等呼声接踵而至。[①] 与之相呼应,公法学界认为国家提供法律援助的义务、公民受教育权的实现,乃至社会救助和社会保障等属于行政给付范畴的制度,都应该纳入政府责任的范围,[②]这使责任的概念更为宽泛。如果说传统意义上以损害赔偿和损失补偿为基础的政府责任在当下风险社会理念冲击下,界限不断变得模糊,[③]导致国家赔偿和损失补偿两大责任体系内部正在发生剧烈的结构重整和相互融合,那么上述更为宽泛的责任概念诉求,则表明了中国公法学界存在将传统行政法上的给付制度并入政府责任体系的意图。疫苗接种事故因其国家强制色彩尚可被传统国家补偿责任所吸收,但国家针对合规药品致害的补偿责任、刑事被害人的补偿责任、国家提供法律援助、公民受教育权的实现等则完全与传统公法理论上的责任构成要件无关,已然超出形式意义上的国家赔偿责任和国家补偿责任。政府的公法责任似乎发展为一种纳税人的国家"保险"——公民通过交税犹如向国家买"保险",损害一旦发生,不问是否国家公权力行为引起,也不问行为违法与否、过错与否,一概由国家负责填补。这种趋势完全忽

① 参见杜仪方:《论合规药品致害之国家责任——基于合规药品致害的民事和行政救济的局限之展开》,载《政治与法律》2013 年第 7 期;孙谦:《构建我国刑事被害人国家补偿制度之思考》,载《法学研究》2007 年第 2 期。

② 参见李学宽、胡玉霞:《现代法律援助制度中的国家责任》,载《现代法学》2001 年第 5 期;彭锡华:《法律援助的国家责任——从国际人权法的视角考察》,载《法学评论》2006 年第 3 期;苗连营:《公民受教育权实现中的国家责任》,载《华东政法学院学报》2006 年第 2 期;林丹红:《大规模人身损害侵权救济中的国家责任》,载《法学》2009 年第 7 期;杨思斌:《论社会救助法中的国家责任原则》,载《山东社会科学》2010 年第 1 期;柴瑞娟:《我国农村社会保障构建困境与求解之道——基于国家责任的视角》,载《社会科学家》2011 年第 5 期。

③ 参见王锴:《从赔偿与补偿的界限看我国〈国家赔偿法〉的修改方向》,载《河南省政法管理干部学院学报》2005 年第 4 期;朱狄敏:《风险社会中的国家责任趋同化——以英法国家赔偿制度变迁为例》,载《浙江学刊》2013 年第 2 期。

略了传统公法责任体系的价值,无论在理论上或是实践层面均不具有正当性。其根源在于,对作为规范性概念的公法责任及其制度构成、实践价值的认知模糊。实际上,目前已有学者对上述政府责任宽泛化的倾向提出了疑问——"社会救助的给付行为与行政补偿究竟有何本质区别?如果连社会救助也能被称为国家责任的话,那么还有什么样的给付行为不可以称为国家责任"①。

二、行政法律责任体系化研究的欠缺

毛雷尔教授曾批评德国的国家赔偿已经成为多层次、遍布漏洞、难以提纲挈领的制度。我国的行政法律责任理论体系化方面的问题与之有着相似之处。实际上,对于积淀不深、年轻的中国行政法学而言,有关行政法律责任成体系性的专门研究并不多。对行政法律责任体系性的认识,大多出现在以"国家赔偿"为主题的论著当中,学者关注的重点并不在于行政赔偿责任、行政补偿责任之间的联系和区别,而是在体系化地研究行政赔偿责任的前提下,附带地提及两者之间的关系,认为公法意义上的国家责任主要可以分为国家赔偿责任和国家补偿责任两类。② 这可能和中国当下有关于行政赔偿责任专门立法,而行政补偿责任缺乏统一的立法有关。可能是受到境外法学,尤其是德、日等国以及我国台湾地区的行政法理论的影响,在我国大陆行政法律责任的二分法中,学界逐渐确立了行政赔偿责任由违法行政行为侵害合法权益引起,而行政补偿责任则由合法行政行为导致损害引起之区分标准。在对行政补偿责任的

① 参见蒋成旭:《公法责任的概念及其体系化——基于凯尔森规范理论的拓展应用》,浙江大学2017年博士学位论文,第1页。

② 参见江必新、梁凤云、梁清:《国家赔偿法理论与实务》,中国社会科学出版社2010年版,第147页。

认识方面，有学者将德国国家责任体系中的损失补偿运用到我国的具体制度当中，将补偿的概念定位于满足“合法”“特别牺牲”等要素，[1]但也有学者否认行政补偿的法律责任性质，认为行政补偿不是严格意义上的法律责任。“从严格意义上说，行政补偿不属于行政责任。因为行政责任是违法、不当行政行为所引起的法律后果，而行政补偿责任却以合法行政行为为前提。”[2]有学者也注意到，“违法行为是产生法律责任的原因和依据，法律责任是违法行为引起的后果，没有违法行为的发生，就不应该有法律责任的出现”，认为称行政补偿为法律责任逻辑上无法自足。[3]

由于欠缺对大陆法系公法上责任体系与损失补偿体系生成历史的深度考察，这种借鉴大陆法系行政法、以行为合法或违法作为区分赔偿责任和补偿责任之标准的做法看似十分明确，但实际上潜藏着理论体系上的矛盾。大陆法系的公法责任体系由赔偿责任和损失补偿两大支柱构成，其中损失补偿包含征收补偿机制和行政补偿责任两大部分。征收补偿由合法行为导致损害自无疑问，但行政补偿责任被定位于由无过错的公权力行为导致损害而引起，至于行为是否合法，并非问题之关键，行政补偿责任完全可能由违法但无过错的行为引起。[4] 在大陆法系，区分赔偿责任和补偿责任的标准在于导致损害的行为是否存在过错。包含征收补偿机制和行政补

---

① 参见沈开举主编：《行政补偿法研究》，法律出版社2004年版，第11页；王太高：《行政补偿制度研究》，北京大学出版社2004年版，第48页。

② 胡建淼：《行政法学》，法律出版社2010年版，第480页。

③ 参见马怀德主编：《完善国家赔偿立法基本问题研究》，北京大学出版社2008年版，第349页。

④ 参见翁岳生编：《行政法》，台北，翰芦图书出版公司1999年版，第二十一章“损失补偿”。

偿责任的损失补偿制度,之所以能够自成一体,是因为背后有“特别牺牲理论”为其提供强大的支撑,而征收补偿机制和行政补偿责任的区别在于前者为合法行为导致损害,后者为违法(但无过错)行为导致损害。

我国学者将大陆法系的赔偿责任和损失补偿简单地对应于行政赔偿责任和行政补偿责任,这将面临两个方面的理论追问:一是如何区分行政赔偿责任和行政补偿责任?以导致损害的行为是否合法为标准似乎是行不通的,作为理论参照系的大陆法系公法是以引起损害的行为是否存在过错作为区分标准的,那么,在学理上应当如何认识这种标准以建构具有自洽性、融贯性的中国行政法律责任理论体系?二是如果我们借鉴大陆法系的损失补偿机制,以“特别牺牲”为理论基础建构具有包容性的行政补偿责任,那么将如何区分行政补偿责任与行政征收补偿?又如何区分那些试图遁入行政法责任体系中的行政救助、社会保障等国家的给付义务?

值得重视的是,近年来我国学者在行政法律责任的体系化研究方面取得了令人瞩目的突破。典型论著比如,中国政法大学刘飞教授的《德国公法权利救济制度》对德国国家责任体系作了较为全面的介绍,为我们寻找概念上的源流提供了德国法资料的支持;[1]应松年教授主编的《当代中国行政法》则较早地将德国国家责任体系运用到我国的具体制度当中来解释诸多法律现象。[2] 复旦大学杜仪方副教授的论文《论合规药品致害之国家责任——基于合规药品致害的民事和行政救济的局限之展开》主要从日本法的角度出发来考察

① 参见刘飞:《德国公法权利救济制度》,北京大学出版社 2009 年版,第 2 页以下。

② 参见沈开举:《行政上之损失补偿》,载应松年主编:《当代中国行政法》,中国方正出版社 2005 年版,第 1878 页以下。

我国所谓的"国家责任"存在哪些诸如合规药物致害补偿的制度漏洞,并提出基于日本法理论的解决思路。[①] 北京航空航天大学王锴教授的论文《我国国家公法责任体系的构建》则以我国《宪法》第41条第3款为中心来构建我国的国家赔偿责任体系,以有限度的无过错责任来统摄行政赔偿和司法赔偿,也借助了德国国家责任体系的框架进行论证。[②] 浙江大学的蒋成旭博士在其博士学位论文《公法责任的概念及其体系化——基于凯尔森规范理论的拓展应用》中,在梳理德国公法上国家责任的生成脉络、体系构成的基础上,以凯尔森的法律责任理论为原型,在法理上得出了以违反"个别规范"为标准的公法责任理论内核,在这个标准下,行政赔偿责任、行政补偿责任以及征收补偿都可以得到足以自圆其说的、合理的安置,可谓是目前这一研究领域的有意义的突破。[③] 但总的来说,我国公法学者在行政法律责任体系的建构方面仍然是不足的,至今为止都没有能够系统地形成我国的国家责任理论或公法责任理论。

三、对作为行政法律责任构成要件的基本概念认知模糊

责任概念的泛化使用,其实质是对规范层面上的法律责任概念认知的模糊,与此相对应,我国学界对行政法律责任构成要件相关的基础概念的认知也十分模糊,在理论上充满纷争。按照我国学界之通说,对于政府公权力违法行使侵害公民合法权益的,需承担赔偿责任;而公权力的合法运行对公民权益构成损害的,则承担补偿

---

① 参见杜仪方:《论合规药品致害之国家责任——基于合规药品致害的民事和行政救济的局限之展开》,载《政治与法律》2013年第7期。

② 参见王锴:《我国国家公法责任体系的构建》,载《清华法学》2015年第3期。

③ 参见蒋成旭:《公法责任的概念及其体系化——基于凯尔森规范理论的拓展应用》,浙江大学2017年博士学位论文。

责任。以合法和违法为标准,区分赔偿责任和补偿责任,这种借鉴于大陆法系公法的做法已然成为行政法教科书中的惯常分类。[①] 另外,我国《国家赔偿法》长期以违法为归责原则,尽管2010年的修法对此有所调整,归责原则向多元化发展,但违法归责原则仍然占有重要的地位。因此,违法概念在我国行政法律责任体系中占有非常重要的地位:首先,违法乃是赔偿责任的构成要件之一(违法行政行为导致损害是赔偿责任的必要条件);其次,违法还承担责任构成要件中的归责功能,这与大陆法系以过错为主要归责原则的传统理论大相径庭。与违法概念紧密相关是归责概念,何为归责?"违法"归责原则与传统法律理论中被视为金科玉律的"无过错则无责任"原则的关系如何?违法归责的正当性何在?我国学界对于这些问题均未作出深入而令人信服的解答。总之,对于违法和归责这两个决定行政法律责任基本构造的概念,中国的行政法学界存在诸多模糊的、在学理上难以取得融贯性的认识。

(一)有关"违法"概念的争议

我国行政法上关于"违法"概念的争议,由违法归责原则引起。我国1995年施行的《国家赔偿法》第2条规定,"国家机关和国家机关工作人员违法行使职权侵犯公民、法人和其他组织的合法权益造成损害的,受害人有依照本法取得国家赔偿的权利",这个条文被认为确立了违法归责原则,而2010年的修正删除了其中的"违法"二字,但这并未改变违法归责原则在国家赔偿事务中的重要地位。[②]

① 参见江必新、梁凤云、梁清:《国家赔偿法理论与实务》,中国社会科学出版社2010年版,第147页。

② 2010年修正后的《国家赔偿法》第3条、第4条在"赔偿范围"的规定上,仍然采用"违法"之表述,如"违法拘留或者违法采取限制公民人身自由的行政强制措施的""违法使用武器、警械造成公民身体伤害或者死亡的"等,这表明违法归责原则仍具有广泛的适用余地。

对违法归责原则中“违法”概念的认识，可以分为这样几个层次：(1)以行政行为合法性要件为标准，违背这一要件的行为即属违法，如事实问题错误、适用法律错误等，这意味着行政赔偿以行政机关的职务行为违法为归责条件。这种观点在实践中逐渐遭遇了很多问题，如并非所有的行政机关的公权力活动都可以以行政行为的合法性要件为标准判断是否违法，事实行为、抽象行政行为等都属于这一范围。[①] (2)对违法归责原则中的“法”作扩张解释，克服司法实践中仅仅将法理解为我国《立法法》所承认的形式意义上的法之局限性，主张“违法”是指对实质意义上的法的违背，包括法律原则、精神、目的、惯例、行政规则等，以克服赔偿范围狭小的缺陷。[②] 但是，这种修正意见并未从根本上解决问题，因为无论“法”的涵盖范围如何，在不考虑行为人主观过错的条件下，都属于对行政活动的客观评价，必然导致客观归责，从而产生无过错责任的后果，[③]将一些违法但无过错的行政行为纳入赔偿范围，造成个案的不公正。违法但无过错的行政行为导致损害，按照大陆法系理论应当承担行政补偿责任，补偿责任和赔偿责任相比，在赔偿范围上明显要小于后者，如果此种情形仍须承担赔偿责任，显然是不公正的。

实际上，违法是任何法律责任构成要件中必不可少的要件，但

---

① 最具代表性的乃周汉华教授的论文《论国家赔偿的过失责任原则》(《法学研究》1996年第3期)，该文尖锐地指出了“违法”归责原则的误区，并在比较法的视野下精到地阐述了过失责任原则的内在机理，进而主张以“过错责任”原则取代“违法”归责原则。

② 参见马怀德主编：《国家赔偿法学》，中国政法大学出版社2001年版，第47页。

③ 从《国家赔偿法》的条文可以看出，行政赔偿责任的成立并不需要考虑行政主体的过错，因为“违法”归责原则要求以行政行为客观的“违法状态”为归责依据，这是我国行政法学界普遍的见解，而过错(故意和过失)只是行政追偿责任的成立要件。陈新民教授认为，以“违法状态”作为确定责任的依据，实际上产生了无过错责任的效果。参见陈新民：《中国行政法学原理》，中国政法大学出版社2002年版，第256页。

法律责任要件中的违法并不是我们通常所说的行政诉讼司法审查中的“违法”。行政法律责任中的违法概念,准确地说,是指侵权法意义上的“不法”,由于“违法”和“不法”在汉语中含义近似,导致了人们对作为法律规范性概念的“违法”和“不法”的理解产生混淆。行政法上的行政行为“违法”是指对行政行为效力的评价,行政行为“违法”意味着其内容或形式在客观上不符合法律的要求,进而导致对其效力的否认。而行政赔偿责任中的违法(不法),肇始于责任法(刑法、侵权法)中的不法性评价,构成要件符合性、不法性与有责性乃是递进式的构成法律责任的三大要素。其中不法是指行为无正当理由侵害他人权益,即在满足构成要件的基础上,从整体法秩序角度对行为后果的否定性评价。[①] 行政诉讼意义上的行政行为违法,在法律责任构成中的“不法性”判断中,仅仅属于“构成要件符合性”这一环节考虑的问题,一个违法的行政行为,是否构成“不法”,还要考虑是否存在违法阻却事由(详见本书第四章)。因此,将行政行为违法作为行政法律责任的归责原则,在理论上是站不住脚的。法律责任中的归责原则问题,属于其构成要件中的“有责性”要件的考虑范围。

(二)对归责的理解误区以及对法律责任二元构成的忽视

我国行政法律责任中的违法归责原则,还暴露了公法学界在有关责任理论研究中存在的另一个问题:对于责任构成中的归责以及法律责任理论中“客观不法”“主观有责”这一基本结构要素的认知的模糊。

现代法律责任以“客观不法性”与“主观有责性”之二元要素为其基本构成,“客观不法性”指向对造成损害之行为或状态的客观评

① 参见陈新民:《中国行政法学原理》,中国政法大学出版社2002年版,第256页。

价，即从整体法秩序角度对损害后果的否定性评价；而“主观有责性”则为法律责任的正当性基础，为将损害归咎于特定责任方提供的正当性、规范性论证。现代法律责任是建立在“道义责任论”和“社会责任论”基础上的规范理论。在本质上，归责是指法律基于特定的价值标准对实施侵害之行为或者是支配该行为之主观心理状态所作的“道义非难”和“社会非难”。[①] 任何一种责任形式均无法缺失这一二元结构，否则将导致法律论证层面难以自圆其说。过错责任是因为行为人具有道德上的可谴责性而被归责，无过错责任则基于损害补偿等功利性因素而被归责。总之，归责集中体现了法律责任机制中的价值评价因素。

我国行政法上的违法归责原则显然无法在“客观不法性”与“主观有责性”这一法律责任的基本构成中得以安置。无论是按照传统的观点，以行政诉讼层面上的行政行为违法形态（狭义违法）作为归责原则中的“违法”，或是按照学者的修正学说——对“违法”归责原则中的“法”作广义解释，违法不仅是指违反形式意义上的法律、法规和规章，还包括诸多实质意义上的法规范（广义违法），实际上均属于对行为的客观评价。因为无论是狭义违法说还是广义违法说，均指向“对法律义务或禁止命令的违反”，是以客观法规范为基准对行为的客观评价，其功能主要体现为对行政行为效力的评价，行政行为“违法”意味着其内容或形式在客观上不符合法律的要求。用这种违法作为法律责任的归责原则，就导致我国行政法律责任机制中“主观有责性”这一要素的实质缺失，只要导致侵害的公权力行为“在客观上具有某种违法状态”，即可决定责任的归属。这是一种畸形的客观归责机制。为了解决上述问题，我国学者从法律解释的角度提出了对“违法”

① See Fleming, *An Introduction to the Law of Torts*, 2nd edition, Clarendon Press, 1985, p. 9.

一词的文义解释和目的论解释,主张将违法归责原则中的"违法"解释为侵权法上的"不法",以侵权法上的"行为不法说"解释"违法"的含义,即违法不仅仅是指行为的结果不被法秩序所承认,而且须以行为人的主观过错为必要条件,也就是说可以从行为违法推定其主观过错,最终使违法归责原则产生过失责任原则的效果。①

这种方案主张在不修改法律的前提下,通过解释实现理论体系的自洽,体现了法解释学的智慧与技艺。但这一方案存在两个方面的问题:第一,该方案吸收了侵权法上的"过错客观化"的特点,主张从考察行为人主观的心理状态转向考察客观的行为状态,从行为状态推定主观过错。侵权法上"过错客观化"的前提条件是在承认"客观不法性"与"主观有责性"二元构成要件的前提下,以"主观有责性"要件中的"过错"吸收"客观不法性"要件中的"违法",从而实现法律评价的客观化。但中国目前的行政赔偿责任是没有这一前提的,这种解释方案看似合理,但仍然不能使目前的国家赔偿责任摆脱"客观不法性"与"主观有责性"含混不清的状态。第二,过错客观化意味着需要界定行政机关的注意义务规范,违反了注意义务规范才意味着可以推定过错。在各国行政法上,行政机关违反法定职责(我国行政法上的各类行政违法),并不必然可作为判断过错的客观标准,违反法定职责首先指向与客观法规范的抵牾,只有行政机关违反了对特定行政相对人的保护义务规范(注意义务规范),才可以推定过错的存在。在没有确立过错归责原则的前提下,如何界定行政法规范中的对他人保护义务规范(注意义务规范),亦将可能是一个容易引起争议的难题。

---

① 参见周汉华:《论国家赔偿的过失责任原则》,载《法学研究》1996 年第 3 期;蔡仕鹏:《行政赔偿违法归责原则的合理定位》,载《行政法学研究》2008 年第 1 期。

第三节　本书的研究进路与基本结构

一、本书的研究进路

按照德国法学家阿历克西（Robert Alexy）的看法，一个完整的法规范概念当包含价值要素（内容正当）、规范要素（有效性）与事实要素（社会实效）三个层面。[①] 作为规范性概念的法律责任所应包含的价值、规范与事实三要素具体表现为"责任的根据"与"归责"、"救济权关系"、"强制"三个层面，这是法律责任概念的基础构造，也为本书进一步分析提供了一个认知框架。[②]

第一，"责任的根据"与"归责"是法律责任概念中的价值要素。"责任的根据"是对法律责任本体价值的思考。以理性哲学为基础的"道义责任论"、以经验哲学为基础的"社会责任论"为现代法律责任提供了二元的价值基础。[③] 而"归责"则是法律责任中的规范评价

---

① See Robert Alexy, *The Concept and Validity of Law*, Clarendon press, 2002, p. 126 – 128.

② 需要说明的是，本书关于行政法律责任的研究进路，主要以作者的前期研究成果《法律责任概念的形式构造》为基础，并作了相当程度的修改与完善。参见余军、朱新力：《法律责任概念的形式构造》，载《法学研究》2010 年第 4 期。

③ 道义责任论与社会责任论在具体的法律责任根据中均以复合的形式存在。任何一种责任机制中均含有道义、社会两方面的价值内容，但侧重点有所不同。刑事责任的根据以道义责任论为主而兼顾社会责任论，主张基于道义非难、社会防卫而对犯罪人适用刑罚，这决定了刑事责任浓厚的惩罚、强制特征；而民事责任的根据则以道义责任论与社会责任论并重，既主张基于过错（道义非难）的惩罚，也主张基于利益均衡的补偿，因此，其强制特征远不如刑事责任明显。孙笑侠教授将刑事法律责任与民事法律责任之间责任根据的差别精练地概括为"道义性惩罚"与"功利性补偿"。参见孙笑侠：《法的现象与观念》，山东人民出版社 2001 年版，第 193 页以下；余军：《法律责任概念的双元价值构造》，载《浙江学刊》2005 年第 1 期。

机制,即运用规范技术将作为评价标准的道德因素、社会因素予以客观化,从而使遭受侵害的权利或法益与造成侵害的原因相结合,进而将负担归属于特定的责任人。“责任的根据”与“归责”解决了法律责任的价值本体与价值评价客观化之问题,并为责任机制提供了正当性基础。

第二,“救济权关系”是指法律责任中的规范性要素。法律责任的发生以权利或法益的侵害为前提。有权利则必有救济,当某一法律事实导致权益侵害,必将引发一个规范意义上的救济权法律关系,救济权关系乃是造成权益侵害的特定法律事实所引起的法律后果。法律责任其实就是一种依靠强制力来保障救济权关系实现的机制。因此,在剔除价值、经验与事实要素后,纯粹规范形式上的法律责任的本质就是救济权法律关系。

第三,“强制”主要是指法律责任中的事实性、经验性要素。在法教义学中,只有在公权力的强制作用下实现的权利救济机制才能被视为法律责任,当事人以自治或自愿的方式实现的对受损权利的补偿尚未进入法律责任的层面。如果忽视这一点而讨论责任,将与法律教义学所预设的法律责任概念相抵牾,从而进入非法律学的语境之中。在此意义上,强制是指强制的方式,即公权力机关可以通过“直接发动有形的物理力量”或者“以发动物理力量或实施其他惩罚措施为威胁”之方式,①在事实上实现救济权法律关系。

然而,作为事实要素的强制也可以转化为规范语境中的陈述,强制可以表述为“应当被强制”。在凯尔森看来,制裁可以等同于强制,因此他所称的法律责任的结构,即由不法行为引起的规范效果——“应当受制裁”,就可以表述为“应当被强制”。这些强制(制

---

① See Black's Law Dictionary, 7th edition, 2006, p. 206.

裁)措施在各部门法中体现为刑事惩罚、民事赔偿与行政制裁。[①] 如果在法律责任的规范要素层面(救济权法律关系)展开,“应当被强制”可以成为救济权法律关系的具体内容(如义务人“应当”支付赔偿、“应当”限制义务人的人身权等)。作为规范效果的强制(强制的内容)在事实层面上的实现,须通过特定的“强制方式”。以“强制方式”实现救济权法律关系标志着一个法律责任机制的完结。

一个完整的法律责任概念必然包含了上述三要素,规范性要素(救济权法律关系)是其中的核心要素,其他两个要素均围绕规范性要素而次第展开。在规范意义上,法律责任的本质就是因特定的法律事实侵犯权利或法益而产生的特定救济权法律关系。因此,对作为法律学上规范性概念的法律责任的理解,必须围绕其规范性要素——救济权法律关系而展开。通过对其救济权法律关系的产生条件、内容以及实现方式的分析与界定,可以概括、提炼出法律责任概念的形式构造。易言之,所谓法律责任概念的形式构造,是指围绕其规范性要素——救济权法律关系的发生与展开所呈现的动态的、相互衔接的过程。这一构造有助于我们掌握、甄别具体情形中法律责任概念的形式要件,避免法律认知或理论研究上的误区,从而维护作为规范性概念的法律责任的精确性与纯粹性。

除了法律责任的形式构造外,价值论、本体论以上对法律责任的阐释也是必不可少的,当我们得出行政法律责任的核心机制在于公权力以强制方式保障救济权法律关系的实现,我们仍然必须面对一些无法回避的问题:在价值论的意义上,公权力强制介入某个法

① See Hans Kelsen, *Pure Theory of Law*, translated by Max Knight, University of California Press, 1967, p. 114 – 120;[奥]凯尔森:《法与国家的一般理论》,沈宗灵译,中国大百科全书出版社 1996 年版,第 56 页。

律关系为被侵犯之权利提供救济的正当性、合理性是什么？即法律责任的社会性及伦理性的根据是什么？在斑驳陆离的社会生活中，诉诸法律责任制度的竞相争取保护的各种利益应当依何种价值标准取舍？这些问题必须在法律责任的评价机制——“责任的根据”与“归责”中得以解答。以上认识为本书的研究思路提供了基本框架。

第一，我国行政法学中关于行政法律责任概念的分歧，大多可归结于对法律责任这个规范性概念形式构造认识的模糊。如法律责任概念的泛化、滥用，即对行政法律责任实质内涵的认知模糊会导致法律责任和法律义务的混同，将行政机关依法应当履行的诸多义务均视为责任；在当下风险社会的研究语境中，行政征收、政府救助、政府提供社会福利保障等各种义务均试图遁入行政法律责任的范畴，从而导致这一概念的严重泛化。针对这些问题，本书首先尝试阐释、厘清作为规范性概念的行政法律责任的实质内涵，以明确法律责任与非法律责任之间的界限。这一工作分为两个步骤。

1. 以凯尔森的法律责任理论为出发点，分析得出行政法律责任的明确形式构造。如果说哈特的理论厘清了作为规范性概念的法律责任与日常生活语境中的责任概念之关系，那么，凯尔森则通过对不法行为及其规范效果的阐述，简练地指出了法律责任概念的形式构造。当然，在具体的法律适用中，凯尔森的理论尚需予以精确化，方能澄清部门法学中的相关分歧。本书尝试将美国学者霍菲尔德著名的权利概念（基本法律关系）分析框架运用于凯尔森的法律责任形式构造的分析之中，以期取得更为清晰、更具确定性的分析结果，从而彻底厘清各种具体情形中与法律责任、行政法律责任概念相关的分歧。本书的分析过程或许可以视为对凯尔森法律责任理论进行拓展的一次尝试。

2. 在运用凯尔森法律责任理论分析得出结果的基础上,以公法上权利保护的三层次理论(公法上原权利保障的三道屏障)为框架,进一步分析、阐释行政法律责任的规范类型和请求权基础。以期取得对行政法律责任概念实质内涵更为具体化、形象化的认识。

第二,如果说行政法律责任实质内涵的不清晰引起的是这一概念的"外部边界"问题,那么,在行政法律责任"内部",同样存在诸多问题,我国学者在引介域外行政法理论(尤其是德、日公法学)的过程中,建构了行政赔偿和行政补偿的基本责任分类,并以导致损害的行政行为是否合法作为两者的区分标准。但由于对大陆法系公法上国家赔偿和损失补偿两大结构的生成脉络与制度背景认识不足,这一分类潜藏着很多理论误区。我国以行为的客观违法作为行政赔偿责任的归责原则,完全脱离了"客观不法性""主观有责性"这一经典的法律责任架构,并忽略了"有责性"要件在法律上的诸多功能。针对这些问题的研究也分为两个步骤。

1. 尝试在"客观不法性"与"主观有责性"的传统法律责任二元框架中,展开对行政赔偿责任和行政补偿责任这一基本分类的修正和理论重述,阐释归责要素在其中发挥的作用,区分行政赔偿责任和行政补偿责任发挥的不同功能。

2. 鉴于我国行政法学界长期以来对法律责任机制中"归责机制"认知的不足,本书尝试在价值论、本体论的意义上,阐释行政法律责任归责机制中的价值构造。过错归责原则与无过错归责原则是两大基本的归责原则,与之相对应的理论分别是以理性主义为基础的"道义责任论"和以经验主义哲学为基础的"社会责任论"。本书将在梳理其哲学发展脉络的基础上,分别阐释行政法上"道义责任论"和"社会责任论"的价值构造,以期彻底厘清行政法上过错责任与无过错责任的根据与生成机制。

二、本书的基本结构

本书共分为六章。

第一章为本书所涉及的关键术语说明,本书所欲分析、解决的问题以及本书研究思路、研究结构的介绍。作者认为,由于中国行政法律责任存在的问题,都与研究者对“客观不法”“主观有责”这一法律责任的传统理论框架认识不足有关,为了更有针对性地分析问题,本书以下的几章内容基本上围绕这一框架展开。

本书的第二章、第三章,实际上是在“客观不法性”的范畴内讨论问题,试图通过对行政法律责任概念形式构造、规范类型的分析,厘清作为法律规范概念的行政法律责任之实质含义,从而划清行政法律责任的外部边界。第二章以凯尔森的法律责任理论——“不法行为”与“制裁”之间的充分必要关系——为起点,运用霍菲尔德的基本法律关系分析框架,最终得出的结论是:只有当公法上的原权利法律关系被行政主体的公权力行为侵害时,引发请求性救济权法律关系,才产生行政法律责任。

第三章以公法上权利保护的三层次为框架,分析得出了行政法律责任的三种具体的规范类型。其中蕴含的界定行政法律责任的标准是:公法上原权利受到侵害产生救济权法律关系是行政法律责任核心构造,辨识公法上原权利法律关系是否遭受侵害的标准在于是否存在“目的性侵害”,只有当行政活动导致的损害是超出行政行为规范目的的、不可预期的或者是附随性的,才是对公法上原权利的侵害,并引起救济权法律关系的产生,由此可以得出行政法律责任的规范类型。

本书第四章、第五章进入到“主观有责性”要件的讨论范围。第四章在“客观不法”与“主观有责”框架中,对行政赔偿责任与行政补偿责任的构成要件进行分析,得出的结论是:两者在客观不法性要件上并无区别，行政活动导致权益的不法损害（侵犯原权利法律关系），是两种行政法律责任的共同要件。行政赔偿责任和行政补偿责任的根本区别在于“有责性”要件，前者以过错为归责依据，后者在归责时排除对过错的考量，属于无过错责任。行政赔偿责任的核心理念乃是基于主观过错的“道义非难”，行政补偿责任则以将利益均衡（危险责任、特别牺牲责任）作为目的的“社会非难”为其基础。至此，我们可以得出结论：过错才是区分行政赔偿责任和行政补偿责任的关键所在。过错的归责机理是“道义上的可责难性”，因此，基于过错而产生的赔偿责任在填补损失的范围上远远大于补偿责任，前者以“可得利益”为基准填补损失，后者仅补偿直接损失。赔偿责任因此具有针对行政机关的批评功能和惩戒功能，这一点长期被我国理论与实务所忽视。

第五章尝试从本体论价值分析的角度对行政法律责任的归责机制进行追本溯源式的阐释。归责是法律责任的正当性所在，回答的是“人何以对自己的行为承担法律责任”这一责任的本原问题。行政法律责任的归责原则由过错原则和无过错原则这两大基本原则构成，其背后的理论基础是“道义责任论”和“社会责任论”。在道义责任论中，行为人之意志具有道义上的可谴责性是归责的根据，而过错就是有一种意志缺陷，过错意味着具有意志自由的人主动选择为恶或未经应尽之注意义务；道德价值是道义责任论的核心内容，行政法上道义责任的核心价值是由正义、公正转化而成的“责任政府”；在社会责任论中，行为具备社会可非难性从而导致归责，社会责任论强调对不幸损害之合理分配，其追求的价值目标是分配正义，行政法上社会责任的核心价值是个人负担平等原则与特别牺牲理论。尽管社会责任的评价对象并不最终指向自由意志，但它发生作用的前提是行为人必须具备健全的理性和意志能力。这种论述彻底厘清了行政法上过错原则和无过错原则的价值构造和生成机理。

第六章在对本书各章观点进行总结的基础上,尝试对我国行政法律责任理论进行修正与重述。主要观点为:首先,运用行政法律责任的形式构造与规范类型,划定行政法律责任的"外部边界",将行政法上非责任损失补偿机制(如行政征收补偿)划出行政法律责任的范围,设定其理论基础进行类型化处理;其次,以过错归责原则与无过错归责原则创新界定行政赔偿责任和行政补偿责任的关系,在立法与实践层面区分两种责任形式在损失补偿范围方面的差别,使之在行政法上发挥不同的功能。

第二章　行政法律责任的形式构造

第一节　法律关系视角下凯尔森法律责任概念的转换

从分析实证法学的立场考量，民事法律责任、刑事法律责任和行政法律责任在逻辑结构上并无区别，它们的本质必须在法律关系中得到展示，这种法律关系可谓之救济权关系。救济权关系的逻辑起点在于法律权利动态的纵向分类，即原权利与救济权利。耶林的利益说认为，法律权利是法律为保护特定的利益而设定的。[①] 法律为保护某一特定的利益并不只设定一种静止的权利，而是设定一系列前后相连的权利，前面的权利随着特定的法律事实而转化为后面的权利，这一系列相互关联的权利根据其逻辑顺序可以分为原权利与救济权利。法律责任的规范性要素可以在其中得以说明，即在法

---

① 尽管这种观点遭到了凯尔森的纯粹法学的有力批判（See Hans Kelsen, *Pure Theory of Law*, translated by Max Knight, University of California Press, 1967, p. 132 – 133），因为“利益”一词标示了某种精神状态，采用了法社会学中“是的陈述”，违背了规范法学“应当的陈述”之立场，但利益说仍具有很大的影响，笔者认为，绝对地区分法社会学和规范法学的立场在技术上是难以做到的，如凯尔森将责任归结于“惩罚”，就很难说没有法社会学的意蕴，利益说在相当程度上仍具有合理性。

规范意义上,法律责任的本质就是特定的行为事实侵犯原权利而导致的救济权法律关系。[①] 在这一分析框架中,凯尔森经典的法律责任理论可以得到更为透彻的说明。

凯尔森的法律责任概念可以简练地归纳为:由不法行为引起的制裁之规范效果(不法行为→应当受制裁)。但在凯尔森的理论中,不法行为并不仅仅是引起制裁的条件,两者之间还存在另一层重要的关系:一定的行为之所以是不法行为,就是因为法律秩序对这一作为条件的行为,赋予了制裁这个法律后果;并非行为不法遭致制裁,而是法律将受制裁的行为设定为不法。[②] 立法者预先将某些行为的后果设定为制裁,这些行为才成为不法行为,即应当受制裁→不法行为。这可以理解为:不法行为的不法性乃是基于整体法秩序的角度所作的不正当性判断,这些行为被立法者所设定的法秩序所不能容忍,才对其施以制裁这种严厉的规制手段。概言之,凯尔森理论中的不法行为与应当受制裁之间是一种"充分且必要条件"之关系,即从不法行为可以推出应当受制裁这一结果,而从应当受制裁之结果也可以推出不法行为之条件,凯尔森的法律责任概念的形式构造可以完整地表述为:

不法行为⇔应当受制裁

需要指出的是,凯尔森所称的不法行为是一个规范层面上的概念,即法条中的条件行为——法条所设立的、被赋予制裁后果的条件。不能将不法行为与通常意义上的违法行为相混同,通常所称的违法行为是指与法律要求相悖的行为事实,两者分别属于规范与事

---

① 参见陈裕琨:《分析法学对行为概念的重建》,载《法学研究》2003 年第 3 期。

② See Hans Kelsen, *Pure Theory of Law*, translated by Max Knight, University of California Press, 1967, p. 111;[奥]凯尔森:《法与国家的一般理论》,沈宗灵译,中国大百科全书出版社 1996 年版,第 56 页以下。

实两个层面。[①] 正是在此意义上，凯尔森认为不法行为并非违反法律或违反义务的行为，不法行为只是法律条文中被设定了制裁之后果的条件行为，法律规范的效力丝毫没有遭到危害。凯尔森因而将“不法行为”称为“与义务相反的行为”，而不是“违反义务的行为”。[②] 而通常所称的违法行为实际上是一个事实层面上的概念，人们一般以违反法律义务、违反具体的法规范来界定违法行为。这个概念在法律上具有重要的意义：基于权利义务之间的“相依”（correlatives）关系，[③]违反法律义务意味着侵犯实质意义上的法律权利。[④] 根据有权利则必有救济之原则，违法行为因侵犯权利必将引起救济权法律关系之规范效果。因此，违法行为可以看作侵犯权利从而引起救济权法律关系的行为事实。

如果从法律关系的角度进行分析，凯尔森所阐述的“不法行为⇔应当受制裁”之法律责任形式构造其实可以转换成救济权法律关系之陈述方式，即各种不法行为所引起的制裁之规范效果可用具

---

① 参见陈景辉：《合规范性：规范基础上的合法观念——兼论违法、不法与合法的关系》，载《政法论坛》2006 年第 2 期。

② 凯尔森的意思是，必须区分作为规范层面上构成要件的“不法行为”与符合该构成要件的法律事实，如果我们说某一“不法行为”侵犯了权利，实际上是指符合“不法行为”构成要件的法律事实侵犯了权利，“不法行为”本身不会对规范意义上的法律权利构成侵犯。See Hans Kelsen, *Pure Theory of Law*, University of California Press, 1967, p. 111.

③ 相依关系是霍菲尔德基本法律关系分析模式中的一个重要因素，是指在具体的法律关系中，权利义务双方作为彼此存在的必要条件，一方的存在必然意味着另一方的存在，缺少对应一方即难以生成法律关系，而一方的被违反则意味着另一方被侵害。See Wesley Newcomb Hohfeld, *Fundamental Legal Conceptions as Applied in Judicial Reasoning*, Dartmouth Publishing Company and Ashgate Publishing Limited, 2001.

④ 根据耶林的权利利益说，权利可以视为法律为保护特定的利益而设置的规范上的符号，权利的实质就是法律所欲保护的利益，因此，侵犯实质意义上的权利，就是侵犯法律所欲保护的利益，即法益。

体的救济权法律关系予以表述。因为法条中的与义务相反的行为(不法行为),其实是对事实层面上某些违反法律义务的行为(违法行为)的规范表述。当然,作为行为事实的违法行为必须满足引起制裁之规范效果(为整体法秩序所不能容忍),才可归于不法行为。例如,我国《刑法》第232条规定的故意杀人行为实际上是对事实层面上以各种法律所禁止的手段故意剥夺他人生命行为的规范性描述。但并不是所有的以法律禁止的手段故意剥夺他人生命的行为都可归属于《刑法》第232条规定的故意杀人行为,只有这些行为满足应受刑罚制裁这一规范效果时,才可归属于故意杀人这一不法行为。易言之,所谓法条中的不法行为,乃是对能够引起制裁之规范效果的行为事实(违法行为)之规范表述。违法行为因侵犯权利而产生救济权法律关系之规范效果,如果一个违法行为能够引起制裁之规范效果,那么救济权法律关系就是对其制裁之规范效果的另一种表述形式,而它同时也满足不法行为的条件。因此,不法行为的制裁之规范效果就可以用救济权法律关系之陈述方式予以替代。在此思路之下,应当受制裁这一规范效果所包含的具体的制裁措施就成为救济权法律关系的内容。按照凯尔森对制裁的解释,它可以是指民法救济权关系中的赔偿,也可以是刑法、行政法救济权关系中的惩罚措施。

这一分析结果可以将凯尔森的法律责任规范结构——"不法行为⇔应当受制裁"转换为:

不法行为⇔以制裁为内容的救济权法律关系

这意味着作为条件行为的"不法行为"与作为规范效果的"以制裁为内容的救济权法律关系"之间是一种"充分且必要条件"之关系,即不法行为引起以制裁为内容的救济权法律关系之规范效果,而某一行为只要能够引起以制裁为内容的救济权法律关系之规范效果,即可归属于不法行为。同时,作为法律责任规范性要素的救济权法律关系也可以明确地转换成“以制裁为内容的救济权法律关系”。

同时,我们也可以得知,以制裁为内容的救济权法律关系之所以发生,是因为不法行为导致了对原权利的侵犯(按照凯尔森的表述方式,行为人实施了一个与设定原权利的法律规范的相反行为);而违法行为也是侵犯原权利,引起救济权法律关系的行为事实。按照凯尔森的理论,只有不法行为才能引起法律责任,据此可以推论,尽管违法行为也引发救济权法律关系,但这种救济权关系未必是以制裁为内容的救济权法律关系。从中可以看出,对不法行为、以制裁为内容的救济权法律关系的界定,是我们掌握法律责任概念形式构造的关键所在,其中不法行为乃是引起法律责任的条件行为,而以制裁为内容的救济权法律关系则是法律责任概念的规范性要素所在。

第二节　法律责任概念的规范性要素

——救济权法律关系之分析

法律责任是一种以强制力为保障的权利救济机制,因此,在“不法行为⇔以制裁为内容的救济权法律关系”这一形式构造中,作为法律责任规范性要素的救济权法律关系(以制裁为内容的救济权法律关系)尚需满足在事实层面上可以通过强制方式实现这一条件,否则“以强制力为保障”将成为一句空话,实在法中的法律责任规范的实效性亦无法得到保障。

那么,哪些救济权法律关系是以制裁为内容并且可以通过强制方式实现的呢？在大陆法系的民法学中，这似乎不成为问题，学者们常以请求权来指称救济权，在他们看来，请求权法律关系就是救济权法律关系，救济权关系是指当原权利法律关系遭受侵害时，法律用以恢复、补救原权利关系的强制性的法律关系，因此，救济权关系（请求权关系）无疑是可以通过强制方式实现的。[①] 而且，这种救济权关系的内容主要体现为要求义务人支付赔偿，其完全符合凯尔森所称的民法上的制裁之标准。然而，如果从严格的法律关系逻辑形式的角度看，救济权法律关系并非仅限于请求权法律关系，以制裁为内容、可以强制方式实现的救济权关系亦非仅限于请求权法律关系。运用美国学者霍菲尔德的权利概念（基本法律关系）分析模式，[②]我们可以展开进一步的分析。

一、救济权的四种类型和以制裁为内容的救济权关系

霍菲尔德认为，通常意义上的权利和义务关系并非是对法律关系的最为精确的认识。他运用“逻辑原子主义”（logical atomism）分析方法将权利和义务还原（reduce to）为八个基本概念，即将权利概念还原为：right（狭义权利）、privilege（特权）、power（能力）和 immunity（豁免），而义务概念则还原为：duty（狭义义务）、no right

---

① 参见梁慧星：《民法总论》，法律出版社 1996 年版，第 37 页；陈裕琨：《分析法学对行为概念的重构》，载《法学研究》2003 年第 3 期。

② 霍菲尔德关于权利概念（基本法律概念）的分析，可参见其于 1913 年和 1917 年发表于《耶鲁法律评论》的两篇题目相同的论文。这两篇论文经后世学者编辑、整合，往往以整体的形式再版。See Wesley Newcomb Hohfeld, *Fundamental Legal Conceptions as Applied in Judicial Reasoning*, Dartmouth Publishing Company and Ashgate Publishing Limited, 2001. 中译本参见［美］霍菲尔德：《基本法律概念》，张书友编译，中国法制出版社 2009 年版。

（无权利）、liability（责任）和 disability（无能力）。① 这八个概念乃是“全部法律问题之原子”，霍菲尔德通过它们之间的“相依”（corretives）和“相反”（opposites）关系，完成了四个最基本法律关系的建构。② 即“狭义权利—狭义义务”、“特权—无权利”、“能力—责任”与“豁免—无能力”法律关系。

霍菲尔德认为，包括权利概念在内的所有法律因素都可以还原为这四个法律关系，它们是法律关系的“最低公分母”，是解释各种复杂法律现象的逻辑框架。这种“去实体”（deontic）化的思维方式剔除了法律现象中的价值和经验要素，在纯粹逻辑形式上对法律关

---

① 需要指出的是，霍菲尔德分析框架中的 privilege（特权）、right（权利）、power（能力）、immunity（豁免）是指在纯粹逻辑形式上权利人所具有的特定地位，不可等同于一般语境中的“特权”“权利”“能力”“豁免”。为了避免这种混淆，本书将霍菲尔德分析框架中的 right 称为“狭义权利”，而通常所称的权利称为“广义权利”；将 power 翻译为“能力”，而没有像国内其他学者那样将 power 翻译为“权力”。

② 霍菲尔德的八个概念之间的关系，可用表 1 予以说明：

表 1　霍菲尔德八个概念之间的关系

法律上的相反方	权利 right	特权 privilege	能力 power	豁免 immunity
	无权利 no right	义务 duty	无能力 disability	责任 liability
法律上的相依方	权利 right	特权 privilege	能力 power	豁免 immunity
	义务 duty	无权利 no right	责任 liability	无能力 disability

相反关系是指任何事物在逻辑上都存在对立面，如 right（权利）是指权利人具有要求义务人作为、不作为的地位，而 right 的相反方则是 no right，是指义务人不具有要求权利人作为或不作为之地位。相依关系是指双方作为彼此存在的必要条件，一方的存在必然意味着另一方的存在，缺少对应一方即难以生成法律关系，而一方被违反则意味着另一方被侵害。See Wesley Newcomb Hohfeld, *Fundamental Legal Conceptions as Applied in Judicial Reasoning*, Dartmouth Publishing Company and Ashgate Publishing Limited, 2001. 中译本参见［美］霍菲尔德：《基本法律概念》，张书友编译，中国法制出版社 2009 年版。

系的构造作出了精确的规定。另外,霍菲尔德还从权利发生的角度,将权利(广义的权利)分为“初生的权利”(primary right)和“次生的权利”(second right)。“初生的权利”是因某一有效事实而不是因侵害产生的权利,而“次生的权利”则是因为“初生的权利”被违法行为所侵害而产生的权利,即通常所指的救济权。我们可以在霍菲尔德的四个最基本法律关系中解释救济权的具体形态,①一般意义上的违法行为能够引起以下救济权法律关系。

1.“狭义权利—狭义义务”救济权关系。这是一种请求性救济权关系,在此法律关系中,权利人具有要求义务人实施特定的作为或不作为之请求权,而义务人则处于根据权利人的要求实施特定的行为或不作为之地位。表现为狭义权利(请求权)的救济权广泛存在于民法、刑法与行政法等各领域。我国《民法总则》(已失效)与《侵权责任法》(已失效)规定的赔偿损失、支付违约金等民事责任的形式,实际上就包含一些请求性救济权,即赔偿损失请求权、支付违约金请求权等。民法上的请求性救济权关系是违约行为、侵权行为等所指称的行为事实所引起的规范效果,行政法中的行政侵权行为所引发的行政赔偿请求权也是一种请求性救济权。

尽管在刑事责任研究中很少涉及救济权法律关系的分析,但这种分析方法的运用仍然可以使我们获得清晰的认识。由于奉行“罪刑法定”之基本原则,刑法所保护的特定法益是否遭受侵害须由法院作出认定,法院作出有罪判决意味着特定的侵害行为被归属于刑法意义上的不法行为(犯罪行为),同时也意味着司法权力创设了一

① 有关民法上救济权的四种形式,王涌教授在其博士论文中已有精辟的论述(参见王涌:《私权的分析与建构——民法的分析法学基础》,中国政法大学1999年博士学位论文,第195~196页),但本书的分析并不限于民法,而是试图运用霍菲尔德的理论,解释贯通于公法、私法领域所有的救济权形式。

个刑法上的救济权法律关系。这种救济权法律关系也是一种请求性救济权关系，作为特定法益代言人和维护者的国家就成为了救济权主体，其内容为：国家具有要求犯罪人负担特定刑罚之权利，而犯罪人则具有负担特定刑罚的义务。[①] 行政法上由行政相对人的违法行为引起的救济权关系具有类似的特征与构造。行政相对人的行为是否属于对特定法益构成侵害的违法行为须由行政机关作出认定，当行政机关作出肯定性的判断后，即作出行政处罚等行政行为对行政相对人实施制裁，这意味着行政权创设了一个请求性救济权关系，其内容为：行政主体具有要求违法行为人承受特定财产、行为负担之权利，而违法行为人则具有根据行政主体的要求承受特定负担的义务。[②]

需要指出的是，尽管在霍菲尔德的理论中，能力是权利的一种形式，但在规范、逻辑层面上，公权力的属性也表现为能力，即创设、变更、消灭特定法律关系的能力。能力也可以体现为私法性质的权利（形成权）。对此，霍菲尔德指出，当能力被授予政府官员时，它是公法性质的权力，但它也可以是私法性质的。[③] 私法上的形成权与

---

① 对此，也许有人会提出这样的质疑，刑法上的救济并不是国家"要求"犯罪人承受特定的刑罚，而在于"国家以强制方式对犯罪人处以刑罚"。笔者认为，"国家以强制的方式对犯罪人处以刑罚"属于刑法上救济权关系实现的环节（刑事法律责任的实现），此处仅从纯粹规范意义上分析此种救济权关系的内容，其内容属于请求性救济权关系。当然，这种救济权关系的内容确实需要通过强制的方式实现，但救济权关系的内容与救济权关系的实现毕竟是两个不同的环节。

② 如行政机关因行政相对人的违法行为对其处以罚款之行政处罚，行政处罚的作出意味着公权力创设了一个请求性救济权关系，即行政机关具有要求被处罚人缴纳一定数额罚款的权利，而被处罚人则负有缴纳一定数额罚款的义务。

③ See Wesley Newcomb Hohfeld, *Fundamental Legal Conceptions as Applied in Judicial Reasoning*, Dartmouth Publishing Company and Ashgate Publishing Limited, 2001.

公权力的规范属性并无区别，都表现为创设、变更、消灭特定法律关系的能力。因此，上述刑法、行政法上的请求性救济权关系实际上由司法权力、行政权力所创设。

2.“特权—无权利”救济权关系。在此法律关系中，表现为特权的救济权是指权利人可以针对紧急之侵害，自由地实施适当的行为以保护自己或他人的正当权益，而义务人处于不能要求权利人作为或不作为之无权利地位，这是一种赋予权利人一定行为自由的救济权。此类救济权的制度载体为“自力救济”，即自助行为、紧急避险和正当防卫。在法秩序运行的正常态势中，对于大多数情况下的权利侵害应当适用公力救济，“自力救济”一般仅适用于情况紧急、采用公力救济无法及时制止或预防侵害发生之情形。以正当防卫为例，当发生现时、紧迫之侵害时，权利人具有采取相当于攻击程度的防卫措施之特权，如商店的店员或顾客持木棍击伤抢劫的暴徒，被强暴的妇女咬伤施暴者的舌头，[①]都属于表现为特权的救济权之行使。在行政法上，表现为特权的救济权之制度载体是“即时强制”。所谓“即时强制”，是指行政机关对于现时发生之紧迫危害，针对特定行政相对人的人身、行为或财产采取的约束或处置性的强制行为。[②] 这种约束或处置性的强制行为就是特权的具体表现，与正当防卫行为、紧急避险行为性质相同。“即时强制”其实就是正当防卫、紧急避险在行政法上的特例，其适用条件与后者基本相同。[③]“即时强制”的特殊之处在于：采取防卫行为或避险行为的主体乃是

① 参见王泽鉴：《侵权行为法》（第1册），中国政法大学出版社2001年版，第233页。

② 参见胡建淼：《行政法学》，法律出版社2003年版，第326页。

③ 如消防队员为防止火势蔓延，在来不及通知所有人的情况下强行拆除火源周围未着火的建筑，即为典型的“即时强制”，其原理与民法上的紧急避险相通。参见翁岳编：《行政法》，台北，翰芦图书出版公司1999年版，第931页。

履行职务的行政公职人员。①

3."能力—责任"救济权关系。在此法律关系中,表现为能力的救济权是指救济权人依据单方之意思表示创设、改变、消灭特定法律关系之地位,责任是指义务人所负有的消极承受之地位,这种救济权又被称为形成性救济权或救济性形成权。民法上对具有意思表示瑕疵的法律行为设定的撤销权就是一种形成性救济权,如当事人对因受恶意欺诈签订的合同享有的撤销权即属于表现为能力的救济权,通过能力的行使,当事人使对自己不利的合同之效力归于消灭。② 同样,行政法上对违法行政行为的撤销、变更或确认无效之权力,亦属于表现为能力的救济权,在此过程中,能力消灭了违法行政行为所创设的对权利人不利的法律关系,从而实现了权利救济。

4."豁免—无能力"救济权关系。表现为豁免的救济权,是指当义务人实施违法行为意图创设、变更或消灭特定法律关系从而造成权利侵害时,权利人的法律关系或法律地位不因义务人的行为而变化(权利人处于豁免之地位),无能力是指义务人不具有创设、变更、消灭权利人相关法律关系的能力。表现为豁免的救济权是一种免

① 我国台湾地区学者将"即时强制"形象地称为"行政权之自力救济",参见董保城、朱敏贤:《行政强制执行一般原理原则——兼论引进"代宣誓具结"及"义务人名簿"之考虑》,载杨解君、董保城主编:《海峡两岸行政(强制)执行理论与实务对话——2006年海峡两岸行政(强制)执行理论与实务研讨会文集及实录》,中国方正出版社2006年版,第23~48页。

② 在大陆法系民法中,因受欺诈、非法胁迫而作出的法律行为属于"可撤销的法律行为"(参见[德]迪特尔·梅迪库斯:《德国民法总论》,邵建东译,法律出版社2000年版,第612~619页)。我国《民法通则》(已失效)第50条曾将受欺诈、胁迫作出的民事行为之效力规定为无效;2021年施行的《民法典》第149条,将受欺诈而作出的民事行为,确立为可撤销的法律行为,从而实现了与大陆法系民法理论的接轨。从法律关系的逻辑形式上看,无论是撤销还是确认无效,均属于表现为power的救济权。

受他人控制力拘束的救济权。如民法上进入破产清算程序的企业为逃避债务无偿转让财产,该转让合同无效,债权人不受该合同的约束,享有豁免之权利;代理人超出代理权限的代理行为通常情况下对于被代理人无效,被代理人享有豁免之权利。在行政法的无效行政行为制度中,行政相对人享有的不受无效行政行为拘束的权利也是一种表现为豁免的救济权。

通过以上分析,我们获得了救济权的精确而完整的形式,即特权、狭义权利、能力与豁免。它们是"最基本法律关系"中的救济权,是从规范角度解释制度层面上各种复杂的权利救济现象的基本单位。

同时,我们还可以发现,"狭义权利—狭义义务"与"特权—无权利"这两种救济权关系的内容可以体现为一定的制裁措施。"狭义权利—狭义义务"无论是体现为民法、刑法或是行政法上的救济权法律关系,其内容均符合凯尔森的制裁标准,即刑罚、民事赔偿与行政制裁。而"特权—无权利"救济权关系体现为行政法上的"即时强制"时,即时强制行为的内容就是对行政相对人人身、行为或财产的约束或处置,属于行政制裁的范围。"能力—责任""豁免—无能力"救济权关系则不具有这个特征。可见,"狭义权利—狭义义务"与"特权—无权利"救济权关系满足了"以制裁为内容的救济权法律关系"之标准。

二、可强制实现的救济权关系与无法强制实现的救济权关系

在四种救济权关系中,哪些救济权关系是可以通过强制方式实现的呢?救济权关系是一种规范关系,但判断其能否以强制方式实现的问题,则是一种事实、经验层面上的考察。公权力无论通过"直

接发动有形的物理力量”或者“以发动物理力量或实施其他惩罚措施为威胁”的方式实现某个救济权法律关系,[①]均以事实意义上特定物理形态的改变为内容(如财产的减少、行为的限制等)。这种事实层面上物理形态的改变其实是可以通过救济权法律关系当事人的特定行为(包括作为与不作为)达成的,由于救济权法律关系的当事人不履行该行为或权利救济处于一种急迫的状态之中,才导致公权力以强制方式实现该救济权法律关系。因此,如果某种救济权关系的实现取决于权利人或义务人的行为,那么,这就是一种可以通过强制方式实现的救济权关系。按照这个标准,在上述四种救济权关系中,只有“狭义权利—狭义义务”与“特权—无权利”救济权关系是可以通过强制方式实现的,而“能力—责任”与“豁免—无能力”救济权关系则无法以强制方式实现。

首先,“狭义权利—狭义义务”救济权关系的实现依赖于义务人根据权利人的要求履行特定的作为或者不作为义务。如果义务人不履行义务,权利救济即无法实现。此时,公权力“以发动物理力量或实施其他惩罚措施为威胁”的方式给义务人施加压力迫使义务人作出特定的行为或者保持不作为,也可以采用“直接发动有形的物理力量”实现救济权法律关系的内容。例如,在民法请求性救济权关系中,大多数情况下“以发动物理力量或实施其他惩罚措施为威胁”的间接强制方式就可以实现权利救济。而刑法上的请求性救济权关系则必然通过“直接发动有形的物理力量”的直接强制方式实现,因为刑法救济权关系的内容乃是一系列剥夺自由、财产甚至生命的惩罚性措施,这些严厉的惩罚措施无法通过“间接强制”迫使义

---

① See Black's Law Dictionary, 7th edition, 2006, p. 206.

务人自己履行。①

其次,"特权—无权利"救济权关系的制度载体为正当防卫、紧急避险、自助行为以及行政法上的"即时强制"。该救济权关系的实现取决于权利人的积极行为(防卫行为、避险行为、自助行为以及即时强制行为)。当防卫行为、避险行为的主体为私人时,其性质属于凭借私人力量实施的自我救济,由于不存在公权力的强制作用,因而超出了本书法律责任的讨论范围。但是,当该救济权关系体现为行政法上的"即时强制"时,表现为特权的救济权是通过救济权人(行政机关的执法人员)实施积极的行为实现的,而这种行为本身就是在紧急情况下直接发动物理力量的表现。因此,当"特权—无权利"救济权关系表现为行政法上的"即时强制"时,显然属于通过强制方式实现的救济权关系。

最后,"能力—责任""豁免—无能力"救济权关系是两种无法也无须通过强制方式实现的法律关系。"能力—责任"救济权关系的实现取决于能力所产生的效果,能力无论体现为民法上对法律行为的撤销权或是行政法中对违法行政行为的撤销权、变更权等,其效果均在于消灭或改变了对权利构成侵害的先前行为的效力。而"豁免—无能力"救济权关系的实现则在于法律对义务人行为效力的否认:义务人的行为旨在创设、变更、消灭关于权利人的法律关系,法律对该行为的效力予以否认,认为义务人不具有创设、变更、消灭关于权利人法律关系的能力(义务人处于无能力之地位),此时体现为

① 现代社会中的刑罚执行不再是单纯的物理力量的发动,而是形成了一个有组织的、规范化的体系,这就是现代刑法体系中的行刑制度。这是一个兼具惩罚、矫正与规训等功能,将强制力与科学知识、权力技术以及包括强制劳动在内的社会化教育等因素交织在一起的刑罚体系。参见[法]米歇尔·福柯:《规训与惩罚》,刘北成、杨远婴译,生活·读书·新知三联书店1999年版,第81~259页。

豁免的救济权即已实现。可见,“能力—责任”救济权关系与“豁免—无能力”救济权关系的实现取决于特定法律效果的产生或否认,它们不可能也不需要通过公权力的强制作用予以实现。

上述结论也可以通过另一个角度的分析得出。在霍菲尔德的四种法律关系的原形式中,只有“狭义权利—狭义义务”关系是可以通过行为人的作为或不作为被违反,其余三种法律关系均不可能被违反,而只有通过当事人的行为可能被违反的法律关系才可以经强制的方式得以实现,因为强制无非“以发动物理力量或实施其他惩罚措施为威胁”或者“直接发动有形的物理力量”迫使当事人作出遵循法律规范要求的行为。在这四种法律关系中,以其功能为标准可以分为两类。其中,“能力—责任”关系与“豁免—无能力”关系的功能在于改变既有法律关系或是对试图改变既有法律关系行为效力的否认,因而可以归入同一类型。“能力—责任”关系的功能在于创设、变更或消灭新的法律关系,即能力的行使可以创设出新的法律关系,也可以变更或消灭既有的法律关系。当事人可以通过权力的行使,规定或进一步确定人们必须做什么或不做什么,甚至由它再授权其他法律主体规定或进一步确定具体的法律义务,如行政机关行使处罚权(能力)对违法的行政相对人作出罚款 1000 元的决定,实际上就是创设了一个全新的“权利—义务”关系(行政机关具有要求被处罚人缴纳 1000 元罚款的权利,而被处罚人具有缴纳 1000 元罚款的义务)。我国《立法法》第 9 条规定全国人大常委会可以授权(能力)国务院就尚未制定法律的人大专属立法事项制定行政法规,[①]其实就

---

① 我国《立法法》第 9 条规定:“本法第八条规定的事项尚未制定法律的,全国人民代表大会及其常务委员会有权作出决定,授权国务院可以根据实际需要,对其中的部分事项先制定行政法规,但是有关犯罪和刑罚、对公民政治权利的剥夺和限制人身自由的强制措施和处罚、司法制度等事项除外。”

是创设了国务院的一项新的能力,国务院可以行使该能力(立法权)通过制定行政法规的方式去创设新的法律关系。合同当事人对合同的撤销或变更(能力),则意味着对合同所创设的法律关系的消灭或变更。“豁免—无能力”关系的功能则在于对试图创设、变更或消灭既有法律关系行为的否认,豁免意味着法律关系当事人不受对方当事人试图改变既有法律关系行为的约束。如无效行政行为不具有公定力就是一个典型的例子,行政相对人不受无效行政行为的拘束,实际上就是指他处于豁免的状态,不受行政机关通过行政行为所创设的法律关系的拘束,而行政机关处于无能力的状态,即它不具有作出行政行为创设新的法律关系的能力。从中可知,“能力—责任”关系与“豁免—无能力”关系所调整的乃是法律关系,而非直接针对人的行为,即它们的功能在于改变既有法律关系或是对改变的否认,并不是说这两类法律关系完全不能调整人的行为,它们只是通过创设或否认新的法律关系来间接地调整人的行为,因而它们无法被人们的行为违反。当事人可以不行使能力,但是不行使能力并不意味着“能力—责任”关系被违反。不行使能力在许多情形中意味着对“狭义权利—义务”关系的违反,如行政机关不行使法定职权(能力)往往构成对作为义务的违反(对“狭义权利—义务”关系的违反),即“不作为违法”;[①]“豁免—无能力”关系则是一种被动实现的法律关系,只要法律规定特定当事人试图改变或创设法律关系的

① 从中可以看出在霍菲尔德的四种法律关系形式中包含相容关系和转化关系,如作为或不作为的“自由”可能包含着行使“权力”或不行使“权力”的自由,“义务”的内容也可能是“权力”或“权利”,如法律规定警察具有保护公民人身安全的义务,警察履行义务即意味着权力的行使。有关概念之间相容关系(concurrent relation)的研究,霍菲尔德尚未完成这一课题就英年早逝了。参见王涌:《私权的分析与建构——民法的分析法学基础》,中国政法大学 1999 年博士学位论文,第二章。

行为无效,对方当事人的豁免即已实现,因而亦不可能被违反。在哈特的规则理论中,“能力—责任”关系与“豁免—无能力”关系可对应于第二性规则,即“规定人们可以通过做某种事情或表达某种意思,引入新的规则,废除或修改旧规则,或者以各种方式决定它们的作用范围或控制它们的运作”的规范。①

“狭义权利—狭义义务”关系和“特权—无权利”关系的功能在于直接向人们发出作为或不作为的指令,因而可以直接作用于人的行为。在“权利—义务”关系中,权利人享有要求义务人作为或不作为之请求权,而义务人则必须根据权利人的要求实施特定的行为或不作为,如果义务人没有按照要求作为或不作为,则构成对这一法律关系的违反。而“特权—无权利”关系也是一种被动实现的法律关系,处于特权地位的当事人可以作出特定的行为或不作为,只要对方当事人(无权利)不去干预他的这种作为或不作为,法律关系即已实现,因此也不可能被违反。若当事人不遵守“无权利”之地位,则意味着法律关系转化为对“狭义权利—狭义义务”关系的违反。如宪法规定公民享有言论自由权,即在公民和国家之间形成一种“特权—无权利”关系:公民享有发表或不发表某种言论的自由(特权),国家不得对其进行干预(无权利);但若国家对公民的言论内容或发表言论的方式实施积极干预,法律关系则转化为“狭义权利—狭义义务”关系,即公民享有要求国家不干预其言论的权利,国家具有不干预的义务。“狭义权利—狭义义务”关系和“特权—无权利”关系可对应于哈特规则理论中的“第一性规则”,即直接通过规范设定义务、创设权利,同时在法律没有禁止的情形下确立或推定法律

① 参见[英]H. L. A. 哈特:《法律的概念》,许家馨、李冠宜译,法律出版社2006年版,第77页。

自由的规则。

由此可见,在霍菲尔德的四种法律关系中,只有“狭义权利—狭义义务”关系是可以通过义务人的作为或不作为而被违反的,而当这种法律关系体现为救济权法律关系时,就为公权力以强制方式迫使义务人履行义务提供了可能,而体现为其他三种法律关系的救济权就不存在这种可能。

三、作为法律责任规范性要素的救济权法律关系

通过以上分析可知,在救济权法律关系的四种类型中,“狭义权利—狭义义务”关系与体现为即时强制的“特权—无权利”关系不仅满足了“以制裁为内容的救济权法律关系”之标准,而且还是可以通过强制方式实现的救济权法律关系。因此,所谓作为法律责任规范性要素的救济权法律关系,其实就是指“狭义权利—狭义义务”关系及即时强制中的“特权—无权力”救济权法律关系。

需要指出的是,作为法律责任的规范性要素,“狭义权利—狭义义务”救济权关系广泛存在于民法、行政法和刑法领域,是法律责任规范性要素的最为常见、最具普遍性的形态。而“特权—无权利”救济权关系只有在制度层面上体现为行政法上的“即时强制”时,才以强制的方式实现。在行政法上,“即时强制”的属性可以视为行政相对人法律责任的特殊形式。① “特权—无权利”救济权关系仅存于“即时强制”这种特殊的法律责任形式之中,是法律责任规范性要素的特殊形态。

① 参见翁岳生编:《行政法》,台北,翰芦图书出版公司 1998 年版,第十七章“行政执行”,第 931 ~ 932 页;胡建淼:《行政法学》,法律出版社 2003 年版,第 341 页。

第三节　总结:行政法律责任的形式构造及其意义

基于以上分析,我们最终可以将从凯尔森的理论转换而成的"不法行为⇔以制裁为内容的救济权法律关系"之法律责任形式构造,进一步转换成:

不法行为⇔"狭义权利—狭义义务"救济权关系

(或"即时强制"中的"特权—无权利"救济权关系)

在上面所展示的关系中,不法行为与"狭义权利—狭义义务"救济权关系(或"即时强制"中的"特权—无权利"救济权关系)是一种"充分且必要条件"之关系:不法行为产生的规范效果为"狭义权利—狭义义务"救济权关系,如果某行为事实能够产生"狭义权利—狭义义务"救济权关系的规范效果,那么该行为即可归属于不法行为。

这一结论使法律责任概念的形式构造更为清晰与细致,它将凯尔森所阐述的不法行为的规范效果(应当受制裁),转化为具体的救济权法律关系之陈述,无疑更具可操作性与确定性。这意味着只有当权益侵害引起的救济权关系表现为请求性救济权关系时,才可能构成法律责任,受侵害权益的救济才可以通过公权力强制的方式予以实现。易言之,所谓法律责任,在规范意义上是指不法行为所引起的请求性救济权关系。[①] 而所谓不法行为,仅仅是指能够引起请

① 当然,这只是从规范要素的角度对法律责任概念的认识。如果从事实性要素的角度看,正如传统民法理论所言,法律责任的本质是强制,关涉以何种强制方式实现规范意义上救济权法律关系的问题,即权利救济的实现方式。

求性救济权关系(或“特权—无权利”救济权关系)的条件行为,它与一般意义上的违法行为是两个截然不同的概念。据本书的分析,一般所称的违法行为泛指违反法律义务的行为事实,根据所违反的义务内容之不同,它所引起的救济权法律关系存在多种形式,违法行为并不必然引起制裁之规范效果(法律责任)。

据此,我们可以得出行政法律责任的形式构造——由行政主体的不法行为所引起的行政法上的请求性救济权关系(表现为“特权—无权利”救济权关系的“即时强制”,因属于行政相对人承担法律责任的特殊情形,与本书将行政法律责任界定为行政主体责任之主旨不符,因而排除出讨论的范围)。其中,行政主体的不法行为并不能等同于一般意义上的行政违法行为,司法审查意义上的行政违法是指行政主体违反法律义务的行为事实,表现为超越职权、滥用职权、适用法律法规错误、违反法定程序等,行政违法行为所引起的救济权法律关系大多表现为“能力—责任”关系(违法行政行为被撤销)和“豁免—无能力”关系(无效行政行为不具有拘束力),因而无法引起制裁之规范效果(法律责任)。那么,行政主体的不法行为究竟是指哪些行为呢?按照凯尔森的法律责任概念以及本书的上述分析结论,只有引起请求性救济权关系的行政权活动,才能被界定为行政主体的不法行为。这一结论很容易让人联想起行政侵权行为,因为和传统侵权法上的通说一致,与行政侵权行为相对应的救济权法律关系就是请求性救济权关系。但是不是行政法上的不法行为就可以等同于行政侵权行为呢?本书将在后续部分作出进一步的细致分析,现代行政权活动方式纷繁芜杂,或许传统侵权法理论的责任学说已难以将其全面覆盖。总之,行政法律责任的形式构造,为本书进一步对实定法层面行政法律责任规范形态的研究提供了基础。

如果说哈特的语义分析在“静态”意义上澄清了作为规范性概念的法律责任与大众语境中“责任”一词的区别与联系，那么凯尔森对法律责任概念形式构造的阐述则为“动态”的法律适用过程中这一概念的甄别提供了认知框架。而本书以基本法律关系分析框架对凯尔森法律责任理论所作的“精细化处理”，则使这一认知框架更为精致与清晰，它可以为法律责任、行政法律责任调整机制之正当性提供一种规范意义上的解说，也可以在具体情形中有效地捍卫作为规范性概念的法律责任的“纯粹性”与精确性。兹详述如下：

首先，法律责任——这种以强制力为保障的权利救济机制，其正当性基础可以从不法行为的性质中得以解释。作为法律责任条件行为的不法行为实际上是指“为整体法秩序所不允许”“在法律上不具有正当性”的行为。这一点可从凯尔森的立场——对不法行为的界定只能在“特定法律秩序”的基础上加以解答——得以验证。尽管在纯粹法理论的意义上，凯尔森认为立法者依据一定的标准将特定行为与制裁联系起来，将其设定为不法行为，乃是一个超越法学的道德上的、政治上的问题，但在实在法理论中界定不法行为的标准显然是为特定的法律秩序所不允许。[①] 这正是不法行为与一般所称的违法行为的根本区别所在——违法行为仅仅是指违反具体的法律义务（违反具体的法规范）之行为事实，而不法行为则是从整体法秩序的角度对行为所作的“不法性”评价。特定的违法行为尚需满足从整体法秩序的角度评价具有不正当性之条件，方可归于不法行为；在具体的法律适用中，这种从整体法秩序角度所作的评价，在于考察造成权利侵害的行为事实是否具备整体法秩序意义上的

① See Hans Kelsen, *Pure Theory of Law*, translated by Max Knight, University of California Press, 1967, p. 55.

正当理由(是否属于正当防卫、紧急避险、行政机关合法履行职务行为或行使合法权利的行为等)。[①] 这也为不法行为设置制裁之规范效果提供了正当性基础,即因为行为"为整体法秩序所不允许"而不具有正当性,对其施以制裁(强制)这种严厉的规制手段才具有法律上的正当性。在现代法律体系中,制裁(强制)实际上是一种由国家垄断的"合法暴力",只能有节制地适用于某些极端的、"迫不得已"的情形之中。在凯尔森看来,制裁的功能在于促使人们实施由特定法秩序规定的、立法者认为必须的行为。当某一行为在整体法秩序上被认为是不正当的或"根据法律秩序的意图必须加以避免",[②]它实际上已经触及法秩序所能容忍的极限,那么法律只能用制裁(强制)之规制手段予以调整。这也正是法律责任机制中公权力强制作用的正当性所在。本书的分析结果是对这种正当性机制的规范性表述,即如果特定的行为事实在整体法秩序意义上不具有正当性或"不被整体法秩序所容忍",那么它必将引起一个以制裁为内容、可以强制方式实现的救济权法律关系,该行为事实可归于不法行为。从中亦可以得知,行为的"不法性"(不被整体法秩序所容忍)是法律责任调整机制不可缺少的前提条件。尽管在各部门法中,不法性并非所有法律责任形式的要件,但不以"不法性"作为责任的要

① 以"特定法秩序所不允许"为条件界定不法行为,是凯尔森的不法行为概念与大陆法系刑法、侵权法的不法性概念之共同点,两者所称的不法概念其实具有同质性。尽管在大陆法系,"不法性"概念只是作为刑法、侵权法上三阶段的递进式犯罪构成、侵权责任构成的要素之一,但在凯尔森的理论中,"不法性"概念的意义并不仅限于犯罪构成、侵权责任构成之中,而是对于整体意义上的法律责任具有提供正当性基础之功能。

② [奥]凯尔森:《法与国家的一般理论》,沈宗灵译,中国大百科全书出版社1996年版,第56页。

件，并不表示在判断责任成立的过程中无须考量“不法性”因素。[①]

其次，运用本章的分析结论，可以澄清我国学界在行政法、侵权法与国家赔偿法等领域关于法律责任及其相关问题的诸多错误认识。

1. 根据本章的结论，我国行政法学界将违法行政行为的撤销、变更或确认无效视为行政主体法律责任形式的观点之所以错误，乃是因为撤销、变更或确认无效作为违法行政行为所引起的规范效果，在法律关系逻辑形式上表现为形成性救济权关系（能力—责任），这种救济权关系的实现是通过“能力”消灭或改变对行政相对人不利的违法行政行为的效力。如前所述，形成性救济权关系并非以制裁为内容，也无须通过公权力的强制方式实现，不属于法律责任概念的规范性要素。另外，从行为所引起的规范效果（形成性救济权关系）也无法推出违法行政行为属于不法行为之结论。在行政法上，行政行为的违法性判断是根据具体的法规范对行政行为效力的评价，而非基于整体法秩序所作的正当性判断。上述行政法学界的观点不仅使得法律责任概念的涵盖范围扩张并与大众语境中的责任相混同，而且还存在理论上的风险——行政行为作为一种设权行为，如果将其无效、撤销或变更作为法律责任的形式，那么同样作

① 以不法性为要件的法律责任主要体现为大陆法系德国法中的刑事责任和民事侵权责任，而德国法上的违约责任以及法国民法、英美法系国家的侵权责任并不以“不法性”为要件，但这并不意味着法国民法、英美法系国家的侵权责任构成无须考虑不法性因素，它们采用了以过失要件吸收不法性的做法，即过失不仅意味着主观上的应受非难性，而且包含了客观上的不法性。而在德国法上的违约责任构成中，虽不包含不法性要件，但契约乃是当事人自我约定的行为规范，其本质在于当事人“为自己立法”，违反法律与违反约定在法体系中彼此平等，因此，违约行为实际上仍然包含了不法性问题，只是未在构成要件中予以讨论。参见曾世雄：《损害赔偿法原理》，中国政法大学出版社2001年版，第59页；王利明：《侵权行为法归责原则研究》，中国政法大学出版社1996年版，第396页。

为设权行为的民事法律行为的无效、撤销、变更是否也可以看作民事法律责任的形式?这一推论将彻底颠覆传统的民事法律责任理论,显然无法让人接受。

2. 凯尔森所界定的不法行为概念可用于解释侵权法、国家赔偿法上的不法概念、侵权行为概念,从而可以澄清我国学界普遍存在的由于"不法"与"违法"不分而产生的许多谬误。我国法学中的"不法"与"违法"概念源于大陆法系,如在德国法上,表示"不法"概念的单词为 rechtswidrig,表示"违法"概念的单词为 gesetzwidrig。但在汉语的日常语境中,"不法"与"违法"两个词汇语义基本相同,这很容易使人们忽略其在法律语境中的不同含义。例如,我国《侵权责任法》(已失效)制定过程中发生的是否将"不法"或"违法"作为侵权责任的构成要件之争论,其症结就在于对"不法"与"违法"概念的模糊认识。传统民法理论中的不法行为、侵权行为的含义与凯尔森的不法行为概念大致相同,侵权行为就是一种不法行为。[①] 这一点可从民法理论关于侵权行为与债的关系中得以证实——侵权行为的规范效果为"侵权之债",从法律关系逻辑形式的角度看,"侵权之债"实际上就是一种因侵权行为而引起的请求性救济权关系("狭义权利—狭义义务"),如前文所述,这是一种可以强制实现并以制裁为内容的救济权法律关系。另外,能够引起侵权之债这一规范效果的行为必然是侵权行为,这完全符合本书所阐释的凯尔森的法律责任形式构造之特征。因而,侵权法、国家赔偿法上的不法行为及侵权行为可归属于凯尔森的不法行为概念,侵

① 日本的侵权行为法甚至直接称为"不法行为法"。参见[日]我妻荣:《事务管理·不当得利·不法行为》,日本评论社 1940 年版;[日]加藤一郎:《不法行为》(增补版),有斐阁 1974 年版。

权行为(不法行为)是指能够引起请求性救济权关系之规范效果(产生法律责任)的行为,它显然不能等同于一般意义上的违法行为和行政违法行为。

3. 将“不法”与“违法”概念相混淆的做法还出现在侵权责任的构成、国家赔偿责任的归责原则等研究领域。在传统的侵权法理论中,侵权责任的构成包括构成要件、不法性与有责性三个层次。其中不法性是指无正当理由侵害他人权利或法益,即从整体法秩序角度所作的正当性判断,不法意味着侵害权利或法益而无正当事由(正当防卫、紧急避险、自助行为等),其要旨并不在于强调对具体法规范的违反。但在我国民法学界,一些学者将“不法”与“违法”概念相混同,将侵权责任构成中的不法性判断误解为特定行为或事实是否违反具体法律规则的判断,认为“在很多案件中责任人到底违反了什么法律难以判断”,并得出“违法性要件作为一种归责的构成要件已经意义不大”之结论,进而主张在侵权责任的构成之中将“违法性”要件剔除。剔除“不法性”要件建构侵权责任构成其实无可厚非,这体现了与传统德国民法不同的侵权行为体系与思考方法,但我国学者作出的上述论断是建立在对不法性概念错误认识的基础上的,它有可能导致完全否认不法性作为法律责任基础要素的倾向。正如前文所言,对权益的不当侵害(不法性)是法律责任这种以制裁为内容的调整机制发动的前提条件,侵害的不法性为制裁的适用提供了正当性基础,缺少不法性判断的法律责任构成在理论上是难以自圆其说的。

同样的错误还发生在国家赔偿责任的归责原则之认识中。按照传统的理论,大陆法系国家赔偿法上的“不法”概念是指侵权法上的不法性判断,由此构成了与侵权法一致的构成要件、不法性与有责性之三层次的国家赔偿责任构成,[①]但在我国的《国家赔偿法》上,此“不法”概念被偷换成了一般意义上的违法行为概念,并产生了令学理与实务界“斩不断、理还乱”的所谓违法归责原则。由于未能把握“不法”与“违法”概念的区别以及“不法”概念在法律责任机制中的意义,含糊地将“违法”作为国家赔偿责任的归责原则,在不考虑行政主体是否有过错的前提下,将导致普遍性的无过错责任之结果。[②] 因为无论是“违法”或“不法”概念,实际上都是在不考虑行为人主观心理状态的情况下对行为的客观评价:前者以具体的法规范为标准,后者则基于整体法秩序中的正当理由。以行为是否违法之客观状态作为国家赔偿责任的归责原则,违背了法律责任构成理论中传统的“客观不法性”“主观有责性”之二元构造,[③]并在实践中将一些违法但无过错的行政行为纳入赔偿范围,造成个案中的不公正,这也与各国国家赔偿制度中以“过失责任”为主要归责原则的通

① 例如,日本的《国家赔偿法》以“故意、过失不法侵害权益”作为赔偿责任构成。传统理论认为,国家赔偿责任乃是侵权赔偿责任之特别法,故其中的“不法”概念与侵权责任中一致,但晚近学说与实务倾向于将“不法”概念解释为一般所称的“违法”,尽管如此,在日本的国家赔偿责任构成中,“违法”仍然是对行为客观评价,过失责任原则是其主要的归责原则,并未像我国的《国家赔偿法》将作为客观性评价标准的“违法”作为归责原则。参见叶百修:《国家赔偿法之理论与实务》,台北,元照出版有限公司 2009 年版,第 160 ~ 161 页。

② 从《国家赔偿法》的条文可以看出,国家赔偿责任的成立并不需要考虑行政主体的过错,因为违法归责原则要求以行为客观的“违法状态”为归责依据,这是我国行政法学界普遍的见解,而过错(故意和过失)只是行政追偿责任的成立要件。陈新民教授认为,以“违法状态”作为确定责任的依据,实际上产生了无过错责任的效果。参见陈新民:《中国行政法学原理》,中国政法大学出版社 2002 年版,第 256 页。

③ 即使是在现代侵权法主张“过失客观化”的趋势下(以行为客观上的违法推定过失的存在),也并不意味着可以像我国《国家赔偿法》规定的那样完全不考虑过失因素作为赔偿责任的要件。而且,“过失客观化”并不意味着所有的行为违法都可以成为推定过失的标准,只有当违法行为是对保护他人的注意义务的违反,才可以推定过失的存在。参见[德]马克西米利安·福克斯:《侵权行为法》,齐晓琨译,法律出版社 2006 年版,第 92 页。

例不符。[①] 解决这一问题的根本出路在于确立过错归责原则，让“不法”概念回归其法律责任构成中的应有地位。在2010年修正通过的《国家赔偿法》中，尽管“违法”不再是国家赔偿责任普遍性的归责原则，但令人遗憾的是，违法归责原则的谬误并未引起人们的关注。

① 尽管自“二战”以后，无过错责任原则的适用范围在西方的国家赔偿制度中出现了扩张的趋势，但其始终扮演着一种附属的、补充的角色，自19世纪以来，过失责任原则的主导地位一直如同自然法则般地不可撼动，“无过错即无责任”仍然是侵权法、国家赔偿法上的“金科玉律”。See Francesco Parisi, *The Genesis of Liability in Ancient Law*, George Mason University school of law, Law and Economics Working Papers Series, 2001, p. 1 – 27.

第三章　行政法上的请求性救济权关系与行政法律责任的规范形态

通过第二章的分析，我们得出了行政法律责任的形式构造——由行政主体的不法行为所引起的行政法上的请求性救济权关系，但这仅仅给我们进一步分析实证法意义上行政法律责任的规范形态提供了一个认知前提或基础。那么，下一步的问题则是：何种情形会引起行政法上请求性救济权关系的发生？行政主体的不法行为表现为什么具体形态？这是我们准确界定行政法律责任规范形态无法绕开的问题。

第一节　行政法上请求性救济权关系的两种情形

法律对特定利益的保护并不能依赖于静态意义上的制度设置，而需通过一系列相互链接的“权利链”得以实现，前面的权利随着特定的法律事实而转化为后面的权利，这一系列相互关联的权利根据其逻辑顺序可以分为原权利与救济权。[①] 原权利关系是规范人们的

① 参见史尚宽：《民法总论》，中国政法大学出版社 2000 年版，第 29 页；陈裕琨：《分析法学对行为概念的重建》，载《法学研究》2003 年第 3 期。

行为模式,并最终架构社会法律秩序的一种法律关系,如法律规定人们享有财产自由,即创设了有关财产权的法律秩序或者说有关财产的原权利法律关系。原权利可以由法律设定,也可以由立法者授权行为人自己通过法律上的设权行为而创设,如民事法律行为、行政行为等均具有设权的功能,在法律关系上体现为"能力—责任"形态,从而具备创设权利、构建法律秩序的功能。而救济权关系是当原权利关系受到破坏时,法律为保障或救济原权利关系而设置的,在与某一特定利益相联系的原权利被侵犯之后,享有救济权的当事人可以行使权利主张救济。这种源自侵权法上的权利分类,具有很强的解释力,可以上升至法理层面,对公法意义上的权利保护机理作出说明。按照这一学说,"原权利是真正架构社会正当法律秩序的法律权利,是立法者得以实现其立法目的的真实载体,法律通过对原权利关系的具体规定,为人们预设了全套的立法者希望人们遵循的行为模式,而救济权则是起着辅助的作用——保障和救济由原权利关系编织的社会法律秩序,或者说,只有当原权利关系遭到破坏时,救济权才能'粉装登场'"[①]。法律在各个领域对于原权利保护和救济权发生,均设置了复杂而精细的构造。就公法而言,其控制、规训公权力,保护个人权利的终极价值,决定了在原权利保护、救济权制度设置方面均以防范、排除公权力的侵害与干预为基本准则。我国有学者将霍菲尔德的基本法律关系分析方法用于拓展凯尔森的纯粹法理论,并结合德国公法学上的责任机理,提出了公法上"权利保护的三个层次"理论。[②] 本书认为,所谓公法上"权利保护的三

① 陈裕琨:《分析法学对行为概念的重建》,载《法学研究》2003 年第 3 期。

② 蒋成旭博士在余军、朱新力教授将霍菲尔德法律关系原形式用于分析凯尔森法律责任理论的基础上,继续研读凯尔森的遗著《规范的一般理论》,提出了"凯尔森—霍菲尔德规范分析框架",在此基础上提出了公法上"权利保护的三层次"理论。参见蒋成旭:《论结果除去请求权在行政诉讼中的实现路径——以霍菲尔德基本法律概念为视角》,载《中外法学》2016 年第 6 期;蒋成旭:《公法责任概念及其体系化——基于凯尔森规范理论的拓展应用》,浙江大学 2017 年博士学位论文。

个层次"理论,实际上较为准确地展示了公法上原权利的保护机理以及相应的救济权法律关系的发生逻辑,以下将在这一框架下尝试界定行政法上请求性救济权关系的具体形态。

一、公法秩序中原权利保护的三道"屏障"

"权利保护的三个层次"理论,勾勒出公法秩序中对原权利保护的基本框架,本书称为公法秩序中原权利保护的三道"屏障"。

第一层次可对应于德国法学家耶利内克主观公权利体系中的个人消极地位,实证法上典型形态是公民宪法上的基本权利,强调个人在其自由领域的消极地位和防御功能,基本权利作为一种对世权,与包括国家公权力机关在内的不特定主体形成法律关系,当个人自由领域受到公权力侵害时,权利人可以主张排除侵害。[①] 这实际上是对法律规范直接创设的原权利提供了一道保护"屏障"。正如前文所述,原权利法律关系可以由法律直接设定,也可以由立法授权行为人通过设权行为自行创设。在公法上,通过个人的消极防御、排除干预机制,对法律直接规定的原权利予以保障,这是一种最基本、最为直观地排除公权力对私人自治领域干预之"屏障"。宪法中的基本权利规定,乃是公法中最为重要的直接创设原权利的法律规范,但直接创设原权利的公法规范并不仅限于宪法基本权利规范。蒋成旭博士将这一层面的法律保护完全对应于宪法基本权利规范,或许较为符合当代德国公法秩序之现状,但并非所有法秩序中的宪法基本权利规范均能完全胜任这一功能。特定法秩序中宪法基本权利规范的保障领域,取决于该国宪法的基本权利保障基础

---

① 参见蒋成旭:《公法责任概念及其体系化——基于凯尔森规范理论的拓展应用》,浙江大学 2017 年博士学位论文,第 118 页。

原理，[1]《德国基本法》中的“人性尊严”原理以及经由宪法审查实践日益发展的基本权利多层面的效力理论，使基本法规定的基本权利具备极强的辐射能力、保障领域极为广泛，但在中国目前宪法基本权利理论与保障实践均有待充分发展的局面下，公法上直接创设原权利法律关系的法律规范并非仅限于宪法基本权利规范，易言之，大量尚未进入基本权利保障领域的公法意义上的个人权利亦发挥着这一功能。

公法上权利保护的第二层次，是针对国家试图通过公权力运行创设新的法律关系对私权（原权利）进行干预，个人所具有的主张不受干预的保护机制。和第一个层面不同，公权力并不构成对私权的直接侵害，而是通过设权行为形成法律关系对私人科以义务，从而产生对私人自治领域的侵害，如通过行政处罚权的行使为私人创设提交罚款的义务，通过征收决定对私人创设财产义务，等等。倘若这些公权力行为未得到高层级规范的授权或者在内容、程序上与高层级授权规范的要求相违背，个人得主张其效力的瑕疵从而不受其干预。这为排除公权力机关试图通过设权行为改变原权利法律关系，提供了第二道保护“屏障”。

公法上权利保护的第三层次，是指在第一道保护“屏障”或第二道保护“屏障”未发挥作用的前提下，法律为受到侵害的原权利提供恢复机制的保障方式。当公权力对私领域直接侵入未被排除，或者是当公权力机关设权行为创设的法律关系虽然存在效力瑕疵，但该法律关系在事实上已经实现，即原权利关系已按该法律关系发生变化（受到侵害），个人对受到侵害之后果具有要求予以恢复原状或填

---

① 参见余军：《“个人自由”与“人性尊严”》，载郑永流主编：《法哲学与法社会学论丛》（第1期），北京大学出版社2009年版。

补损失的法律地位。这个层面的保护机制实际上是对公权力运行后果的恢复机制,是在前两道保护"屏障"未发挥作用的条件下,法律所提供的第三道保护"屏障"。例如,公权力机关执法人员强行扣押私人财产,财产所有人具有要求其不得扣押公民合法财产的权利(第一道保护"屏障"),但事实上,该财产已经被违法扣押(第一道保护"屏障"未发挥作用),此时法律提供第三道保护"屏障"——个人可以主张返还财产;再如,个人享有不受违法行政征收决定拘束的权利(第二道保护"屏障"),征收决定尽管被确认无效,但事实上被征收的房屋已经被拆除(第二道保护"屏障"未发挥作用),第三道保护"屏障"则发挥作用——个人可以主张赔偿损失(填补受到侵害的财产损失)。

上述公法秩序中原权利保护的三道"屏障",为原权利提供了有层次的、全方位的保障。第一道"屏障"为公权力对私领域的直接侵入提供了排除机制;第二道"屏障"为公法上的设权行为对原权利的侵害提供了效果消除机制;而第三道"屏障"则为公权力运行所导致的侵害后果提供了恢复机制。与这三道保护"屏障"相对应的则是形态各异的救济权法律关系——所谓权利保障屏障,其真正赖以发挥实质作用的,乃是蕴含其中的不同类型的救济权法律关系。

二、救济权法律关系的展开

在第一道权利保障"屏障"中,所发生的救济权法律关系是"狭义权利—狭义义务"关系。公法上原权利保障的一道"屏障"对应于个人消极地位的防御功能,当个人的自由领域(如宪法上的自由权)受到公权力侵害时,他应具有主张排除侵害的地位。在霍菲尔德的基本法律关系分析框架中,这种法律地位所呈现的法律关系是"狭义权利—狭义义务”关系,即个人有权请求国家公权力不侵害其在法律上所拥有的特定权利或自由,公权力机关具有不侵害的义务。这是一种请求性救济权法律关系。这种法律关系在法律直接创设特定原权利时就附随存在,如宪法在赋予公民言论自由时当然亦包含着权利人的排除侵害请求权。这种类型的权利保护规范属于哈特规则理论中的“第一性规则”,即法律直接规定权利义务从而可用以直接指导人们的实践。当这种原权利体现为宪法上的基本权利规范时,由于基本权利对私法领域的辐射效应,上述请求性救济权法律关系中的义务人有可能是私法主体,被请求承担义务的一方也并不仅仅限于公权力机关,此项权利就成为一项具有广泛适用领域、针对不特定人的对世权,或者称为不特定权利。

在第二道权利保障“屏障”中,所发生的救济权法律关系是“能力—责任”关系。权利保护在第二层次上的含义是对公权力设权行为效果的消除。在行政法上,最为典型的设权行为就是行政行为,当行政机关作出行政行为对行政相对人创设义务时(通过能力的行使,形成“狭义权利—狭义义务”关系),这种试图创设新法律关系的权力运行,如果存在效力瑕疵就可能产生对既有原权利的侵害。通过行政行为创设新的法律关系,这种权力的行使所依据的规范,可对应于哈特规则理论中的“第二性规则”,即立法者授权通过意志行为创设新规范的规则,这种规则的特征在于调整法律关系,而不直接对行为人作出指令。以行政处罚为例,当公安机关对当事人 A 作出一个拘留 5 日、罚款 500 元的处罚决定,其依据为《治安管理处罚法》第 25 条规定:“有下列行为之一的,处五日以上十日以下拘留,可以并处五百元以下罚款;情节较轻的,处五日以下拘留或者五百元以下罚款:(一)散布谣言,谎报险情、疫情、警情或者以其他方法故意扰乱公共秩序的……”这一规定授予公安机关一项权力(能力),即在行政相对人A"散布谣言,谎报险情、疫情、警情或者以其他方法故意扰乱公共秩序"之特定情形下,行政机关有权力创设一个权利规范,与行政相对人A形成行政处罚的"狭义权利—狭义义务"法律关系(行政相对人A有责任承担这一法律关系),即行政机关有请求行政相对人A接受拘留5日、缴纳500元罚款的权利,行政相对人A须按要求履行这两项义务。但这一"狭义权利—狭义义务"法律关系能否发生实效有赖于公安机关行使权力行为的效力,即公安机关行使权力作出处罚决定是否合法——是否在《治安管理处罚法》第25条授权的范围内创设权利义务关系,是否遵循法律程序,是否存在认定个案事实不清的问题,等等。在处罚权力的效力被确认以前,行政相对人A的人身自由和金钱并未实际受到侵害,因为"能力—责任"关系只能作用于法律关系,而可以直接指导实践的"狭义权利—狭义义务"法律关系尚未被履行。如果行政相对人A提起行政复议或行政诉讼,审查机关因公安机关的行政处罚超越职权、认定事实错误或违反法定程序等原因而对其予以撤销或确认无效,此时审查机关与公安机关之间的法律关系乃是另一个"能力—责任"关系,即审查机关行使能力,使公安机关创设的"狭义权利—狭义义务"法律关系归于消灭,公安机关处于消极承受的责任状态。那么,这项"能力—责任"关系,就是第二道保障屏障中的救济权关系,即针对公权力试图以设权行为创设法律关系的方式侵害原权利的救济。在上述案件中,只有审查机关行使能力,公安机关所创设的对行政相对人A科以义务的"狭义权利—狭义义务"关系不发生效力,在公安机关和行政相对人A之间就形成了一个"豁免—无能力"的法律关系,即行政相对人A豁免于公安机关作出行政处罚的"狭义权利—狭义义务"法律关系,公安机关无权力与行政相对人A形成行政处罚的"狭义权利—狭义义务"法律关系。

在第三道权利保障“屏障”中，所发生的救济权法律关系仍然是“狭义权利—狭义义务”关系。权利保障的第三道“屏障”是指对公权力造成的侵害结果进行恢复原状或损害填补的请求，其发生的前提条件是第一道屏障和第二道屏障并未发生实际效果。在第一道保护屏障未发生实际效果的情形中，行政机关并非是以设权行为试图创设新的法律关系，而是以所谓的非具体行政行为、职权相关行为或事实行为侵害到原权利法律关系，或者是超出行政行为（设权行为）的目的范围，附随性地导致原权利侵害。这些行使公权力的活动明显区别于正式的、以设权为目的的具体行政行为，即行政机关在作出这些行政活动时，并不存在以设权为目的的意思表示，但在客观上对他人的权益造成了拘束或侵害。[①] 例如，行政机关依据合法有效的拆除决定拆除甲的违法房屋时，不慎损坏了邻居乙的围墙；警察追捕逃犯时，发生交通事故，撞毁了丙在路上合法行驶的车辆；行政机关因举办大型会展实施交通管制，致使某一路段无人通行，致使在该路段开超市的某丁遭受营业损失。在这些案件中，当事人乙依法享有要求行政机关不得侵犯其合法建筑的权利；当事人丙依法享有要求行政机关不得侵犯其合法车辆的权利；当事人丁依法享有要求行政机关不得侵犯其营业自由的权利，这些都体现为“狭义权利—狭义义务”法律关系，属于第一道屏障的保障机制。但事实上，这些法律关系均未实现，体现为原权利的当事人的建筑、车辆财产权益以及营业可得利益均遭受了侵害，此时所产生的救济权法律关系仍体现为“狭义权利—狭义义务”关系，当事人享有请求行政机关对所造成的损害恢复原状或予以填补的权利，行政机关则负

---

① 参见余军：《行政法律行为理论的梳理与界别——从法效意思到客观意思》，载《求索》2004 年第 9 期。

有相应的义务。这种救济权法律关系的实现可能需要诉至法院，由司法权作出确认，在霍菲尔德基本法律关系的视角下，法院的司法权也是一种能力，产生“能力—责任”法律关系，这一救济权是由法院的司法权(能力)所创设或确认的，并可在公权力的强制作用下确保实现，这实际上已经涉及法律责任的实现问题。[①]

在原权利保护的第二道“屏障”未发挥实效的情形中，根据行政法上关于行政行为的效力理论，作为设权行为的行政行为具备存续力而产生合法推定的效应，另外行政诉讼等救济制度中亦存在诉讼不停止执行之原则，这就造成了诸多情形中，有关具体行政行为的效力尚处于争讼状态，但其所创设的对行政相对人科以义务的法律关系已经被履行而成为事实状态。待该行政行为被认为存在效力瑕疵被撤销或确认无效时，其所创设的权利—义务法律关系已经产生事实上的侵害后果。按照凯尔森的规范理论，属于个别规范的行政行为具有创设具体法秩序的功能，当这个个别规范因违反上位规范而被认为无效时，其所创设的法秩序亦当归于

① 蒋成旭博士认为，这种情形下，受到侵害的行政相对人乙、丙、丁三人理应对自己的权利有着充分的权衡，他们可以选择行使结果除去请求权与行政机关形成恢复原状或填补损害的权利—义务法律关系，也可以选择容忍这一侵害，而不行使结果除去请求权，从而他们与行政机关之间就不存在任何权利—义务法律关系。因此，此时作为救济权的结果除去请求权在功能上体现为一种权力(参见蒋成旭:《论结果除去请求权在行政诉讼中的实现路径——以霍菲尔德基本法律概念为视角》，载《中外法学》2016 年第 6 期)。笔者认为，这一说法有待斟酌，当事人选择行使或不行使救济权，法律关系体现为“特权—无权利”，但是他一旦选择行使救济权，就构成“能力(权力)—责任”法律关系，能力(权力)的行使结果就是“狭义权利—狭义义务”关系的产生，而最终对权利救济发挥作用的就是这一法律关系，能力(权力)不过是产生救济权法律关系的一个环节，因此，作为救济权的结果除去请求权并非体现为一种权力，而是“狭义权利—狭义义务”关系。

消灭。[1] 此时,受到侵害的权利人所具有的救济权则体现为"狭义权利—狭义义务"关系,即权利人享有请求行政机关对受到侵害的权益予以恢复原状或填补损失的权利,行政机关则负有对受到侵害的权益予以恢复原状或填补损失的义务。例如,若行政机关在违法的行政处罚决定被撤销以前已经将罚款强制执行,那么在行政处罚被撤销以后,被处罚人就有权请求行政机关返还罚款。[2] 另外,一种较为特殊的情况是某些行政行为的效力存续具有时间限制,在经过一定的期限后其效力归于消灭,但其所创设的权利义务关系在事实上仍然存在,此时就有可能对相关个人的权益构成侵害,那么受到侵害的权利人即可行使救济权,通过"狭义权利—狭义义务"关系实现

---

① 按照法律实证主义的观点,就法律的执行而言,行政活动是具体的适用法律的活动,但在另一方面,行政活动又能创造具体的法秩序,成为具体法秩序的渊源。因此,行政活动也属于法规范等级体系中的一个环节,具有规范的属性。任何规范都具有法的创造和法的适用的双重功能。See Hans Kelsen, *Pure Theory of Law*, translated by Max Knight, University of California Press, 1967, p. 233 – 236.

② 蒋成旭博士认为,倘若法律已经明确规定在该具体行政行为被撤销后,或附期限的具体行政行为在作出时已规定经过一定期限后,行政机关应当为相对人恢复原状或填补损害,那么行政机关即承受了一项义务,相应地,作为救济权的结果除去请求权就是一种权利(right),即相对人有权利请求行政机关恢复原状或填补损害,行政机关承担恢复原状或填补损害的义务。反之,若是具体行政行为被撤销或停止发生效力以后,法律或行政机关并未预见可能对相对人所造成的损害的,结果除去请求权就是一种权力(power),具体而言,即相对人有权力与行政机关形成恢复原状或填补损害的权利—义务法律关系(相对人有权利请求行政机关恢复原状或填补损害,行政机关承担恢复原状或填补损害的义务),而行政机关有责任承受(不能豁免)该权利—义务法律关系(参见蒋成旭:《论结果除去请求权在行政诉讼中的实现路径——以霍菲尔德基本法律概念为视角》,载《中外法学》2016 年第 6 期)。笔者认为,这种观点仍存在可商榷余地,在后一种情形中,结果除去请求权并非是一种权力(power),仍然是权利(狭义权利—狭义义务)关系,因为"相对人有权力与行政机关形成恢复原状或填补损害的权利—义务法律关系",仅仅表明了作为救济权关系的权利—义务法律关系产生的源泉,权力(power)(能力—责任关系)本身并不提供救济,它只负责产生法律关系,真正发挥救济功能的仍然是狭义权利—狭义义务法律关系。

权利救济。

三、行政法上请求性救济权关系的两种情形

通过上述分析,我们在公法上原权利保护的三道屏障的结构中,展示了与之相对应的救济权法律关系。公法防范、规训公权力的基本价值决定了其在原权利秩序的保护中,设置了环环相扣的、全方位的防御和排除屏障。而当这三道屏障仍不足以抵御公权力的侵入时,相应的救济权法律关系则次第发生。

与第一道"屏障"(排除公权力对私领域的直接侵入)相对应的救济权法律关系是"狭义权利—狭义义务"关系;与第二道"屏障"(消除公法设权行为对原权利的侵害效果)对应的救济权法律关系是"能力—责任"关系;与第三道"屏障"(消除公权力运行所导致的侵害后果)相对应的救济权法律关系是"狭义权利—狭义义务"关系。

在上述三种救济权法律关系中,有两种是"狭义权利—狭义义务"关系,即请求性救济权关系。我们再回溯至本书第二章的研究结论:"狭义权利—狭义义务"关系与体现为即时强制的"特权—无权利"关系不仅满足了"以制裁为内容的救济权法律关系"之标准,而且还是可以通过强制方式实现的救济权法律关系。因此,所谓作为法律责任规范性要素的救济权法律关系,其实就是指"狭义权利—狭义义务"关系、即时强制中的"特权—无权力"救济权法律关系;而即时强制中的"特权—无权力"救济权法律关系属于行政相对人法律责任的特殊形态,由于本书将行政法律责任限定于行政主体的法律责任,故可将其排除出研究范围。

至此,我们可得出以下结论:与公法上原权利保护的第一道"屏障"相对应的救济权法律关系"狭义权利—狭义义务"关系以及与原

权利保护的第三道“屏障”相对应的救济权法律关系“狭义权利—狭义义务”关系，乃是行政法上请求性救济权关系的两种情形，它们构成了行政法律责任的规范性要素，这为我们认识行政法律责任的形式构造提供了更为明确的线索。

按照本书第二章的研究结论，行政法律责任的形式构造是指由行政主体的不法行为所引起的行政法上的请求性救济权关系。那么，这一形式构造中所谓的“行政主体的不法行为”，就可以在公法上原权利保护的第一道“屏障”（排除公权力对私领域的直接侵入机制）和第三道“屏障”（消除公权力运行所导致的侵害后果机制）中取得更为清晰、直观的认识，这为我们进一步认知实证法上行政法律责任的规范形态打下了基础。

第二节 行政法律责任的规范类型与请求权基础

作为行政法律责任规范性要素的两种请求性救济权关系，在实证法上的具体样态是什么？这需要从行政法律责任的总体形式构造——由行政主体的不法行为所引起的行政法上的请求性救济权关系之角度来认识。既然请求性救济权关系是由不法行为引起的，依据上一节的分析结论，行政法上的两种请求性救济权关系均发生在公法上原权利保护的第一道“屏障”（排除公权力对私领域的直接侵入机制）和第三道“屏障”（消除公权力运行所导致的侵害后果机制）中，那么对于行政主体不法行为的认识就需要在上述两道权利保护的“屏障”之中展开，这是我们界定行政法律责任具体规范形态之关键所在。

一、行政主体不法行为的类型与相应的请求权基础

法律责任的形式构造是指不法行为引起的请求性救济权法律关系,而在法理上,救济权法律关系的产生是因为原权利受到了侵犯,那么,行政主体的不法行为是如何侵犯原权利从而引发前述两种请求性救济权法律关系的呢?这就需要从第一节所阐释的公法上原权利保护的两道"屏障"中解读。

(一)第一道原权利保护"屏障"中行政主体的不法行为与请求权基础

原权利可以由法律直接创设,也可以通过立法授权行为人通过法律行为(设权行为)自行创设。公法上原权利保护的第一道"屏障",就是针对行政主体的公权力行为侵犯法律直接创设的原权利法律关系而设置。在此类情形中,行政主体并无通过行政行为创设新的法律关系之意图,而是以公权力特定的物理上、事实上的支配力和影响力,对原权利法律关系构成侵犯。以我国现行的相关法律、法规为例,这些公权力行为可作以下分类。[①]

1. 对财产权等权利造成附随性妨害之情形

在这种情形中,行政主体基于特定的公益目的采取措施,却对个人财产权等其他权益造成了附随性的、超出规范目的以外的妨害。例如,《野生动物保护法》第19条规定:"因保护本法规定保护的野生动物,造成人员伤亡、农作物或者其他财产损失的,由当地政府给予补偿。"《广播电视设施保护条例》第14条第1款规定:"在天线、馈线周围种植树木或者农作物的,应当确保巡视、维修车辆的通

① 这一分类借鉴了王锴教授的研究成果,参见王锴:《我国国家公法责任体系的建构》,载《清华法学》2015年第3期。

行;巡视、维修车辆通行,对树木或者农作物造成损失的,由广播电视设施管理单位按照国家有关规定给予补偿。”《人民警察使用警械和武器条例》第 15 条规定:“人民警察依法使用警械、武器,造成无辜人员伤亡或财产损失的,由该人民警察所属机关参照《中华人民共和国国家赔偿法》的有关规定给予补偿。”

在这些法律、法规规定中,行政主体皆因为实施特定公益目的之活动,导致了目的以外的权益妨害。如在《人民警察使用警械和武器条例》第 15 条规定的情形中,人民警察依法使用警械、武器目的在于维护公共秩序,并没有且无能力(无权力)创设和无辜人员之间的法律关系,警察和无辜人员之间的法律关系乃是“狭义权利—狭义义务”关系,即无辜人员有请求警察谨慎使用武器、警械,不误伤其身体或财产的权利,警察承担不误伤无辜人员身体或财产的义务,这是一种原权利法律关系。当警察使用武器、警械存在侵害无辜人员人身权、财产权之虞时,此原权利法律关系处于受到威胁的危险状态,相关无辜人员便具有了以排除侵害为内容的请求性救济权,即他和警察之间产生了“狭义权利—狭义义务”救济权关系,无辜人员有权利要求警察消除对其人身、财产的危险状态,警察则负有相应的义务,其请求权基础为排除侵害请求权。但是,当警察使用警械、武器已经误伤到了无辜人员的身体或财产时,警察就已经侵害了该原权利法律关系(第一道权利保障“屏障”未发生作用),这就进入了第三道权利保障“屏障”情形中的救济权法律关系(有待后文详述)。同样,因保护野生动物、确保巡视车辆通行而造成的农作物损失,亦属于超出规范目的的权益侵害,在原权利层面上,权利人都享有消极防御、排除侵害的请求权,一旦存在侵害之虞,即引发排除侵害之请求性救济权法律关系。

2. 因采取行政强制措施造成附随性妨害之情形

行政机关为阻止不法侵害的发生或避免急迫危险,有立即采取强制措施的必要。由于行政强制措施的发动,多系基于情况的急迫及公益上的事由,在此情形中若造成无辜人员的权利侵害,则属于超出规范目的的附随性侵害。比如,《道路交通安全法》第 93 条第 2、3 款规定,“机动车驾驶人不在现场或者虽在现场但拒绝立即驶离,妨碍其他车辆、行人通行的,处二十元以上二百元以下罚款,并可以将该机动车拖移至不妨碍交通的地点或者公安机关交通管理部门指定的地点停放。公安机关交通管理部门拖车不得向当事人收取费用,并应当及时告知当事人停放地点。因采取不正确的方法拖车造成机动车损坏的,应当依法承担补偿责任”,《行政强制法》第 28 条第 2 款规定:“解除查封、扣押应当立即退还财物;已将鲜活物品或者其他不易保管的财物拍卖或者变卖的,退还拍卖或者变卖所得款项。变卖价格明显低于市场价格,给当事人造成损失的,应当给予补偿”,等等,均属于较为典型的例子。

在《道路交通安全法》第 93 条第 2、3 款规定的情形中,公安机关交通管理部门拖移妨碍交通的车辆,目的在于维护交通秩序,但产生了目的之外的损害。当妨碍交通的车辆被拖移时,车主享有要求交通管理部门不得损坏其车辆的请求权,这是一个原权利法律关系;而当拖车人员采用不当拖车方法使得车辆存在损坏之虞时,此原权利法律关系处于受到威胁的危险状态,车主便享有了以排除侵害为内容的请求性救济权,即他和交通管理部门之间产生了“狭义权利—狭义义务”救济权关系,车主有权利要求交通管理部门的警察采用正确的拖车方法、消除对其车辆造成损害的可能,交通管理部门则负有相应的义务,其请求权基础为“排除侵害请求权”。但是,当交通管理部门的拖车人员已经采用不正确的拖车方法造成车辆损坏时，即已侵害了该原权利法律关系（第一道权利保障“屏障”未发生作用），这就进入了第三道权利保障“屏障”情形中的救济权法律关系（有待后文详述）。同样的分析过程亦适用于《行政强制法》第 28 条第 2 款规定的情形，在此不再详述。

综上可知，在违反公法上原权利保护的第一道“屏障”之情形中，行政主体的不法行为均系附随性地造成了对原权利的妨害，即此种对原权利的侵犯超出了行政主体作出行政行为的规范目的。受到侵害的原权利由法律直接规定（最为典型的乃是宪法上的基本权利），当法律规定了一项权利时，必然赋予其当受到侵害或威胁时的排除侵害功能，因此，此种情形中所产生的请求性救济权关系乃是一种排除侵害请求权。

（二）原权利保护第三道“屏障”中的行政不法行为与请求权基础

原权利保障的第三道“屏障”发挥作用的前提条件是第一道保护屏障和第二道保护屏障未发生实际效果。在第一种情形中，当行政机关并非以设权行为侵害到原权利法律关系，或者是超出行政行为（设权行为）的目的范围，附随性地导致原权利妨害，此时权利人享有“排除侵害请求权”之救济方式。如在前述“对财产权等权利造成附随性妨害之情形”与“因采取行政强制措施造成附随性妨害之情形”中，当发生侵害之虞时，权利人均享有排除侵害之请求性救济权，此系原权利保障的第一道“屏障”功能所在。但若在事实上，这些救济权法律关系均未实现，即原权利遭受了实质性的侵害，此时所产生的救济权法律关系仍为“狭义权利—狭义义务”关系，但其权利内容已经发生变化——当事人享有请求行政机关对所造成的损害恢复原状或予以补偿损失之权利，即侵害补偿请求权，行政机关则负有相应的义务。此种情形中的行政主体不法行为对原权利的侵犯仍然是附随性的、超出规范目的以外的，但正如前文所述，此时与原权利保障第一道"屏障"的区别在于权利侵害的程度或阶段不同,对前者而言,是因为行政主体的不法行为造成权利侵害之虞,因而权利人可主张排除侵害,而在此种情形中,权利侵害已成为事实状态,权利人得主张恢复原状、侵害补偿。在域外公法上,我们也可以找到同样的权利救济方式。如在德国法上,德国联邦最高法院发展出的具有征收效果的侵害补偿就与此种权利救济机制相似,人民的财产权因行政行为的附随效果而受到损失的,如该附随效果具有特别的持续影响,逾越公益牺牲的界限,国家应给予补偿。例如,因道路修建而阻碍周边土地的对外交通,从而使道路周边商家的营业额减少即属于此种情形。具有征收效果的侵害补偿原则上属于财产权的社会义务,但就附随效果的种类、范围和强度以观,如已达到特别牺牲的程度,则可比照征收的原则请求补偿。一般来说,这种附随效果多系出于"偶发"或"不可预见"但是受害人的损失又特别严重,故有必要由国家予以填补。①

在原权利保护的第二道屏障未发挥实效的情形中,由于行政机关试图以行政行为(设权行为)创设新的法律关系,当其所创设的对行政相对人科以义务的法律关系已经被履行成为事实状态后,该行政行为又被认为存在效力瑕疵被撤销或确认无效。这种情况表明,行政机关通过设权行为改变原权利法律关系的意图已经被法律否定,然而由于原权利保障的第二道屏障并未发生作用,致使其所创设的权利—义务法律关系已经产生事实上的针对原权利的侵害后果。此时,权利人的救济权形式为"狭义权利—狭义义务"关系,这是一种以恢复原状或填补损失为内容的请求性救济权,即权利人享有请求行政机关对受到侵害的权益予以恢复原状或填补损失的权

① 参见王锴:《我国国家公法责任体系的建构》,载《清华法学》2015 年第 3 期。

利，行政机关则负有对受到侵害的权益予以恢复原状或填补损失的义务。另一种较为特殊的情形则是合法行政行为被废止后，权利人请求恢复原状的权利救济方式。合法行政行为因故被废止或变更，则表示其所创设的权利义务关系已经不被法律所认可（自被废止之时起失效），若该法律关系在事实上仍然得以延续，则构成对原权利法律关系的侵害，权利人得行使以恢复原状为内容的请求性救济权。在实证法规范层面，这种情形中的行政主体的不法行为主要体现为以下形式。

1. 违法行政行为被撤销、确认无效，但已经造成当事人权益损害之情形。例如，我国《国家赔偿法》第3、4条关于“赔偿范围”的规定中，只要是涉及违法行政决定被撤销后的损失赔偿的，均属于此类情形：“违法拘留或者违法采取限制公民人身自由的行政强制措施”“违法实施罚款、吊销许可证和执照、责令停产停业、没收财物等行政处罚”“违法对财产采取查封、扣押、冻结等行政强制措施”“违法征收、征用财产”这些规定，都属于违法的行政决定丧失效力后的恢复原状、损害填补之救济方式。其中“违法”一词，表示创设权利义务关系的行政行为因违法而被认为失去效力，该行政行为所创设的法律关系自然无效，此处的违法属于客观不法性判断，而不能将其作为归责原则（详见下文详述）。

2. 合法的行政行为因客观事实、规范依据发生变化而被废止，但其所创设的权利义务关系仍然存续并对行政相对人造成权益损害之情形。例如，行政机关在战乱时期征用公民的房屋用以收容难民，在战乱过后该具体行政行为便失去效力，若难民仍拒绝搬出，房屋所有人当有权请求行政机关恢复原状，并使其对可能的损害进行填补。[①]

二、行政法律责任的规范类型及其意义

(一)行政法律责任的三种规范类型

至此,我们可以在上述行政主体不法行为类型以及其所引发的救济权基础的前提下,将行政法律责任的形式构造——行政主体的不法行为引起的请求性救济权法律关系——进一步具体化为行政法律责任的规范类型。

规范类型一:行政主体的公权力行为导致行政相对人权利附随性的、超出规范目的以外的妨害,由此引发的行政相对人的排除侵害请求权。

规范类型二:行政主体的公权力行为导致行政相对人权利附随性的、超出规范目的以外的实质性损害,由此引发的行政相对人的恢复原状、填补损失请求权。

规范类型三:行政主体的行政行为丧失效力,但通过该行为对行政相对人科以的义务已经履行或者仍处于持续状态,由此引发的行政相对人的恢复原状、填补损失请求权。

对于上述三种类型,需要作出以下说明:

第一,第一种类型和第二种类型中行政主体的不法行为之所以表述为"公权力行为"而非"行政行为",是因为引起损害的行为可能是行政行为,也可能是与职权相关行为、行政事实行为及非设权行为等。当引起损害的"公权力行为"是以设权为目的的行政行为时,损害并不在行政行为目的的考量范围之内,因而是附随性的,如前述

① 参见蒋成旭:《公法责任概念及其体系化——基于凯尔森规范理论的拓展应用》,浙江大学2017年博士学位论文,第118页。

“警察拖移车辆”例子中，警察拖移车辆的目的在于维护公共交通秩序，拖移车辆过程中的不当行为导致车辆损坏，完全是偶发或不可预见的；当引起损害的行为是职权相关行为、行政事实行为（非行政行为）时，这些行为本身并不以设权为目的，且服务于特定行政目标的实现，因此这类行为引起的损害就其服务的行政目标而言也是附随的、不可预见的。

第二，法律责任是一种依靠强制力保障实现的权利救济机制，正如本书第二章所言，其核心规范要素是可以强制实现的、以制裁为内容的救济权法律关系，这种救济权的形式只能是请求权。① 但请求权可以是原权利层面上的，也可以是救济权层面上的，②并非所有的请求权都可以视为法律责任的规范性要素，只有当原权利受到了侵犯引发请求性救济权法律关系时，才启动了法律责任机制。因此，辨识何种请求权是救济权层面上的请求权，就成为我们把握法律责任规范形态的重要环节。上述行政法律责任的三种规范类型，不仅可以清晰地阐释——行政法上原权利受到侵犯引发请求性救济权法律关系——这一核心机制，亦完整地涵盖了这一机制发生的各种情形。

类型一和类型二显示了行政权直接侵害原权利的两种情形——妨害权利和造成实质性损害，这些受到侵犯的原权利由法律直接规定，当法律为保护特定利益设定某项权利时，必然赋予权利人以防御权能（体现为对可能产生的侵害的排除）和受到侵害以后的权益恢复权能（体现为恢复原状、填补损失），如宪法上言论自由、人身自由等基本权利的防御功能以及所附随的救济机制，就体现了

① 参见余军、朱新力：《法律责任概念的形式构造》，载《法学研究》2010 年第 4 期。

② 参见王锴：《行政法上请求权的体系及功能研究》，载《现代法学》2012 年第 5 期。

这些权能。[①] 因此,此两种情形中权利人的救济权为排除侵害请求权、恢复原状、填补损失请求权。

在类型三中,行政主体通过行政行为创设新的原权利关系,行政行为因违法而丧失效力,其所创设的法律关系亦应归于消灭,但事实上该法律关系已经实现,这就造成了行政权力不法创设的法律关系对原有法秩序的侵害,权利人因而具有恢复原状、填补损失请求权,意在消除行政权力不法创设的法律关系之影响,填补其造成的损害,恢复原有的法秩序。若行政行为合法但因故被废止,自被废止之时起该行为所创设的法律关系即失去效力,但实际上仍处于存续状态,这亦导致对原有法秩序的侵害。

第三,行政主体的公权力行为之所以具有不法性,是因为对原权利构成了侵犯而被整体法秩序所不容许。而判断是否侵犯原权利,关键在于这种侵害是否属于"目的性侵害",即侵害是否在行政主体的目的考量范围之内,如果是"非目的性侵害",则属于附随的、不可预见的侵害,构成对原权利的侵犯。类型一和类型二中侵害的"非目的性"较为明显,在类型三中,行政行为被判定失去效力,最终目的在于消灭其所创设的法律关系,但事实上该法律关系已经实现或者处于存续状态,由此而造成的损害也属于"非目的性侵害"。[②]

(二)我国立法中的非责任损失补偿机制

上述结论也是我们澄清目前学术界和实务界某些关于行政法律责任认识误区的关键所在。将行政征收补偿视为法律责任的观点(补偿责任)一直在我国行政法学界颇具影响,[③]在晚近的公共舆

---

① 参见张翔:《基本权利的规范建构》,法律出版社2017年版,第113页。

② 参见蒋成旭:《公法责任概念及其体系化——基于凯尔森规范理论的拓展应用》,浙江大学2017年博士学位论文,第118页。

③ 参见李俊、夏军等:《试论我国行政补偿制度》,载《法学评论》1997年第1期。

论和学术研究中,甚至出现了将“政府对合规药品致害提供补偿”、“为刑事被害人提供补偿”①、“国家提供法律援助”、“公民受教育权的实现”等属于社会救助和社会保障领域的事项,均纳入政府责任范围的呼声。② 这种将政府责任无限扩大的倾向,表面上具备政治和道义上的正当性,但从法规范的层面解读,显现出学界和社会公众对法律意义上政府责任概念的误读。一种经不起法律规范主义理性考验的呼声,其正当性以及对实现社会正义的助益,是值得怀疑的。

以最具典型意义的行政征收为例。行政征收的规范依据可以追溯至我国《宪法》第 13 条第 3 款“国家为了公共利益的需要,可以依照法律规定对公民的私有财产实行征收或者征用并给予补偿”之规定,按照本书分析框架,行政主体基于公共利益对特定公民的私有财产实行征收或征用,实际上是行政权力(能力)的发动,形成一个“能力—责任”法律关系,即行政主体具有创设新的权利义务关系之能力,被征收人处于消极承受之状态。其结果是形成了一种新的法律关系,其中包含了两个“狭义权利—狭义义务”关系:其一,以限制、剥夺财产为内容的法律关系,即行政主体享有要求被征收人交付财产或以特定方式限制财产使用之权利,被征收人负有交付财产

① 参见杜仪方:《论合规药品致害之国家责任——基于合规药品致害的民事和行政救济的局限之展开》,载《政治与法律》2013 年第 7 期;孙谦:《构建我国刑事被害人国家补偿制度之思考》,载《法学研究》2007 年第 2 期。

② 参见李学宽、胡玉霞:《现代法律援助制度中的国家责任》,载《现代法学》2001 年第 5 期;彭锡华:《法律援助的国家责任——从国际人权法的视角考察》,载《法学评论》2006 年第 3 期;苗连营:《公民受教育权实现中的国家责任》,载《华东政法学院学报》2006 年第 2 期;林丹红:《大规模人身损害侵权救济中的国家责任》,载《法学》2009 年第 7 期;杨思斌:《论社会救助法中的国家责任原则》,载《山东社会科学》2010 年第 1 期;柴瑞娟:《我国农村社会保障构建困境与求解之道——基于国家责任的视角》,载《社会科学家》2011 年第 5 期。

以特定方式限制财产使用之义务;其二,以补偿损失为内容的法律关系,即被征收人享有要求行政主体按照合理的对价支付损失补偿之权利,行政主体负有按照合理的对价支付损失补偿之义务。这实际上是一个行政主体通过设权行为创设新的法秩序(原权利关系)的过程,由于得到了上位法规范的授权,这一过程及其结果被整体法秩序所承认因而具备合法性,其中对被征收人财产权的限制剥夺以及损失补偿,完全在行政征收决定的规范目的考量范围之内,即这一过程中对财产造成的损害属于"合目的性侵害"。[①] 概言之,一个合法的行政征收,由于其所创设的原权利法律关系被整体法秩序所认可,并不被认为侵犯了既有的权利义务关系,这一过程仍然处于原权利秩序层面,不涉及救济权法律关系的产生,因而不能纳入法律责任的范畴。本书将这种以行政征收补偿为代表的、因行政主体的公权力行为引起"合目的性侵害"而产生的损失补偿机制,称为非责任损失补偿机制。

当然,违法的行政征收则另当别论,假设行政主体在实施行政征收过程中没有给予被征收人合理的补偿,所导致的权利侵害则超出了行政征收制度的目的考量范围,属于前述附随性的、超出规范目的以外的权利侵害,属于行政法律责任的规范类型。就"国家提供法律援助""公民受教育权的实现"等属于社会救助和社会保障领域的事项而言,其所涉及的权利义务关系均处于原权利层面,并未涉及公权力对个人权利的侵害以及救济权法律关系的展开,因而无法与行政法律责任发生瓜葛。

纵观我国现有的各项法律法规,并以域外公法制度为参照,类

① 参见蒋成旭:《公法责任概念及其体系化——基于凯尔森规范理论的拓展应用》,浙江大学2017年博士学位论文,第118页。

似于合法行政征收因“合目的性侵害”而发生补偿、不能纳入行政法律责任范围的事项大致包括以下类型：

1. 财产权限制补偿。此类财产权限制尚未达到行政征收的程度，但其内在机理与行政征收非常近似，是指因兴办公共事业，或其他公益上的原因，而对人民财产权的使用有所妨碍或造成可得收益的减少。在美国法上，近似的制度设置乃是管制性征收（regulatory takings）。[①] 如《防沙治沙法》第35条规定：“因保护生态的特殊要求，将治理后的土地批准划为自然保护区或者沙化土地封禁保护区的，批准机关应当给予治理者合理的经济补偿。”《风景名胜区条例》第11条第3款规定：“因设立风景名胜区对风景名胜区内的土地、森林等自然资源和房屋等财产的所有权人、使用权人造成损失的，应当依法给予补偿。”《种子法》第13条规定：“单位和个人因林业行政主管部门为选育林木良种建立测定林、试验林、优树收集区、基因库而减少经济收入的，批准建立的林业行政主管部门应当按照国家有关规定给予经济补偿。”《防洪法》第7条第3款规定：“各级人民政府应当对蓄滞洪区予以扶持；蓄滞洪后，应当依照国家规定予以补偿或者救助。”《国防动员法》第41条规定：“国家决定实施国防动员后，承担转产、扩大生产军品任务的单位，应当按照国家军事订货合同和转产、扩大生产的要求，组织军品科研、生产，保证军品质量，按时交付订货，协助军队完成维修保障任务。为转产、扩大生产军品提供能源、材料、设备和配套产品的单位，应当优先满足转产、扩大生产军品的需要。国家对因承担转产、扩大生产军品任务造成直接经济损失的单位给予补偿。”《畜牧法》第13条第3款规定：“畜禽

① 参见刘连泰、刘玉姿等：《美国法上的管制性征收》，清华大学出版社2018年版，第8页。

遗传资源基因库应当按照国务院畜牧兽医行政主管部门或者省级人民政府畜牧兽医行政主管部门的规定,定期采集和更新畜禽遗传材料。有关单位、个人应当配合畜禽遗传资源基因库采集畜禽遗传材料,并有权获得适当的经济补偿。”《动物防疫法》第 85 条规定:“对在动物疫病预防、控制、净化、消灭过程中强制扑杀的动物、销毁的动物产品和相关物品,县级以上人民政府给予补偿。”

在这些规定中,行政主体实现特定公共利益之意图(如治理土地、风景名胜区的开发等),本身便需要对土地、房屋等个人财产的使用和收益进行限制,属于“目的性侵害”,对其采取的补偿亦在规范目的的考量范围之内,并不存在原权利的受损以及救济权法律关系的展开。

2. 公益牺牲补偿。行政征收征用补偿主要针对人民财产权的损失。自现代宪法出现以来,财产权的社会义务观念被日益强化,宪法机制中对财产权的保障逐渐与言论自由等精神自由、人身自由类的权利保障采用不同的标准。在公法上,亦逐渐发展出财产权以外的权利(如人身自由等)的损害补偿类型。例如,德国法上发展出了公益牺牲补偿请求权,专门针对人民非财性的权利(包括生命、健康、身体、自由)受损的情形,典型的如对儿童强制接种疫苗造成儿童长期损害的补偿,以及对合法但错误的拘留、无罪羁押及徒刑等的补偿。中国法上亦存在同样的保障机制。我国《疫苗流通和预防接种管理条例》第 46 条第 1 款规定:“因预防接种异常反应造成受种者死亡、严重残疾或者器官组织损伤的,应当给予一次性补偿。”对于疫苗接种,公权力机关能够预见到一定概率的异常反应发生,但基于公共利益考量,仍然强制接种,故合法的疫苗接种是法律所追求的效果。换句话说,儿童因疫苗接种而产生的不良反应在合理范围内,是法律授权的公权力机关依据其意志行为所预期的侵害结果。合法的疫苗接种引起的严重异常反应并非合法疫苗接种的附带效果,在此情形中发生的损害补偿并不涉及原权利的侵害与救济权法律关系的发生。

3. 信赖利益补偿。基于信赖利益保护的损失补偿,在实质上也同样是一种"合目的性侵害"补偿。此种类型的补偿是指人民因信赖公权力措施而有所举措时,如因该措施的事后变动而受有损失者,国家即应给予的补偿。按照大陆法系传统的行政法理论,信赖利益补偿的核心在于,对违法受益行政行为撤销所造成损害的补偿,但基于法安定性理论,一般对信赖利益保护范围作扩大解释,合法行政行为的效力变动给行政相对人造成的损失也被认为是信赖利益的保护范围。比如,我国《行政许可法》第 8 条第 2 款规定:"行政许可所依据的法律、法规、规章修改或者废止,或者准予行政许可所依据的客观情况发生重大变化的,为了公共利益的需要,行政机关可以依法变更或者撤回已经生效的行政许可。由此给公民、法人或者其他组织造成财产损失的,行政机关应当依法给予补偿。"《风景名胜区条例》第 22 条第 3 款规定:"政府或者政府部门修改风景名胜区规划对公民、法人或者其他组织造成财产损失的,应当依法给予补偿。"《城乡规划法》第 50 条规定:"在选址意见书、建设用地规划许可证、建设工程规划许可证或者乡村建设规划许可证发放后,因依法修改城乡规划给被许可人合法权益造成损失的,应当依法给予补偿。经依法审定的修建性详细规划、建设工程设计方案的总平面图不得随意修改;确需修改的,城乡规划主管部门应当采取听证会等形式,听取利害关系人的意见;因修改给利害关系人合法权益造成损失的,应当依法给予补偿。"《海域使用管理法》第 30 条规定:"因公共利益或者国家安全的需要,原批准用海的人民政府可以依法收回海域使用权。依照前款规定在海域使用权期满前提前收回海域使用权的，对海域使用权人应当给予相应的补偿。”

这些损失补偿由合法行政行为的撤销、撤回、废止而引起，所造成的损失可以视为完全处于行政行为所产生效果的合理预期范围内，属于“目的性侵害”，因而并未产生原权利的侵害和救济权法律关系的发生。

4. 衡平补偿。财产权具有社会义务乃是现代法治原则的应有之义，这要求财产权人面对公共利益必须承受忍让义务，[①]当这种忍让达到“特别牺牲”程度时，应由受益者对社会大众给予弥补，这是行政征收制度的正当性所在。但是并非所有的政府基于维护公益导致他人的损失都能达到“特别牺牲”的程度，基于利益均衡考量或者社会国原则，行政机关对于那些不在“特别牺牲”范围内的个人财产损失，也可以予以补偿，从而产生了在欧陆法系称为衡平补偿或社会补偿的制度设置。这类补偿大凡发生在举办公益事业时致使众多权利人受损（不针对具体个人），而损失尚未达到“特别牺牲”的程度，或者是损害和公权力不存在直接关联，而是经过较长时间的累积或较为间接的关联而形成，通常包括：因犯罪行为被害的死亡者的家属或受重伤者申请的犯罪被害补偿金；对于因某种政治受难事件或战争所受损失，国家给予受难者或其家属的补偿。[②] 我国立法上关于衡平补偿的例子主要有生态效益补偿和自然资源补偿，前者如《水土保持法》第31条规定，“国家加强江河源头区、饮用水水源保护区和水源涵养区水土流失的预防和治理工作，多渠道筹集资金，将水土保持生态效益补偿纳入国家建立的生态效益补偿制度”，《水污染防治法》第8条规定，“国家通过财政转移支付等方式，建立

① 参见张翔：《财产权的社会义务》，载《中国社会科学》2012年第9期。

② 参见王锴：《我国公法责任体系的建构》，载《清华法学》2015年第3期。

健全对位于饮用水水源保护区区域和江河、湖泊、水库上游地区的水环境生态保护补偿机制”。后者如《民族区域自治法》第65条第1款规定:“国家在民族自治地方开发资源、进行建设的时候,应当照顾民族自治地方的利益,作出有利于民族自治地方经济建设的安排,照顾当地少数民族的生产和生活。国家采取措施,对输出自然资源的民族自治地方给予一定的利益补偿。”

第四章　行政补偿责任和行政赔偿责任

行政法律责任的规范形态，为我们认识作为法规范概念的行政法律责任提供了较为具体、明确的认知模型。然而，这种剔除了经验、价值因素的认知模型，尚需在纷繁芜杂的法律实践以及学理纷争中得以验证。将行政法律责任分为行政补偿责任和行政赔偿责任，是我国行政法理论与实务上之通说。依据这一分类，违法行政行为导致的损害对应于行政赔偿责任，合法行政行为导致的损害对应于行政补偿责任。那么，本书提出的行政法律责任的三种规范类型和行政补偿责任、行政赔偿责任是什么关系？能否有助于厘清这一分类存在的问题？笔者认为，行政法律责任的规范类型解决的是行政法律责任的外围边界和构成要素问题，即需满足什么条件才能形成一个行政法律责任的规范结构？而行政补偿责任和行政赔偿责任则是行政法律责任这一概念范围之内的更为经验性的分类。这种分类已经超出了纯粹的法律规范形式分析的范围，而涉及法律责任机制中的价值要素。在法律责任概念所包含的"责任的根据"与"归责"、"救济权关系"及"强制"三大要素中，行政补偿责任和行政赔偿责任的分类，实际上是基于归责机制（"责任的根据"与"归责"）在法律责任内部体系中所作的分类。我国学界简单地以导致损害的行为是否合法作为分类依据，反映出在基础理论层面，对法律责任基本构成要素的认知不足。

第一节 我国行政法上的行政赔偿责任和行政补偿责任存在的问题

在我国行政法上，按照造成损害的行政行为是否合法，行政法律责任被分为补偿责任和赔偿责任，赔偿责任由违法行政行为导致的损害引发，而补偿责任由合法行政行为导致的损失引发。[①] 这一责任的分类方式似乎要将所有行政活动造成的损害（或损失）都纳入行政法律责任的体系中去，按照这一分类，行政征收、公益牺牲补偿、信赖利益补偿等均将纳入行政法律责任的范围，因为这些制度中的补偿都是由合法行政行为引起的。正如学者所言，政府的公法责任似乎发展为一种纳税人的国家“保险”——公民交税犹如向国家买“保险”，损害一旦发生，不问是否国家公权力行为引起，也不问行为违法与否、过错与否，一概由国家负责填补。[②] 这种分类方式看似和欧陆公法上的赔偿责任和补偿责任相一致，但细究起来，我们会发现在责任的构成与范围的界定、归责以及赔偿与补偿的功能等方面均缺乏深入而令人信服的论证。

一、对行政法律责任规范构成缺乏合理界定

在我国行政法律责任的二分法中，谈及法律责任的构成要件，一般均认为行政赔偿责任由“合法权益受到损害”“行政行为被确认

① 参见章剑生：《现代行政法总论》，法律出版社 2014 年版，第 313 页。

② 参见蒋成旭：《公法责任概念及其体系化——基于凯尔森规范理论的拓展应用》，浙江大学 2017 年博士学位论文，“引言”第 1 页。

违法”“因果关系”三要件构成;而行政补偿责任则由“合法权益受到损害”“造成损害的原因是合法行政行为”“因果关系”三要件构成。在这样的行政法律责任构成要件中,我们看不到法律责任必备的归责机制,通说认为我国行政赔偿适用违法归责原则,但构成要件中的“行政行为被确认违法”实际上指向法律责任构成的不法性判断,因为在经典的法律责任理论中,一个法律责任的成立,必须经过不法性判断这一环节。将行政行为违法视为归责依据,实际上起到了将不法性判断和有责性判断合二为一的效果,而如果用行政诉讼制度中判断行政行为效力的违法标准作为归责机制,则又产生了客观归责的效果,最终导致无过错责任。在行政补偿责任的构成中,只要受到的损害是由合法行政行为引起的就产生责任,这其实也是一种无过错责任,但同时又产生了扩大责任范围、将行政法上行政机关应当履行的法定义务泛化为行政补偿责任的效果——行政征收、公益牺牲补偿、信赖利益补偿等均因符合这一条件,可以被纳入行政法律责任的范围。按照本书上一章的分析结论,行政法律责任的产生必须是行政主体的公权力侵犯了公法上的原权利从而引发请求性救济权法律关系,判断是否侵犯原权利的关键在于考察行政活动导致的损害是否属于“合目的性侵害”,如果答案是肯定的,那就属于行政法上行政主体的法定义务,从而被排除出责任的考量范围,行政征收、公益牺牲补偿、信赖利益补偿中的损害显然都属于可以预见的“合目的性”损害。可见,目前的行政法律责任二分法,已经将法律责任概念泛化。

行政法律责任概念泛化使用的负面效应在于:将法律责任和法律义务混同,并忽视甚至混淆了法律责任和法律义务这种不同的法律调整机制在公法上的意义。“责任”一词,具有“责难”“责罚”之本意。[①] 在法律上，行为人的行为导致损害，由于不被法秩序所认可而具备不法性，因而为其设置了法律责任这一体现“责难”“责罚”的调整机制。法律责任调整机制必须包含“归责”这一环节，即“以何种理由，将损害归咎于特定的人或物件”，其中包含非常复杂的价值构造，并发展出一套精致的理论与法律规整机制。[②] 而法律义务，不过是实现法律权利的必备条件，按照霍菲尔德的理论，法律权利和法律义务是一种相互依存的关系，任何法律权利的实现都依赖于特定法律义务的履行，[③]完全可以从形式、逻辑的层面来理解其规整机制，其中蕴含的价值机理相对单纯。如果将行政征收制度中国家对公民的补偿义务等均纳入法律责任的范畴，将无法体现法律责任调整机制的独特性，也忽视了法律责任和法律义务完全不同的调整方式。[④] 尤其是在公法这一以控制、规训公权力为基本价值导向的领域，区分政府的责任与政府的义务，在理论体系建构、法律技术设置等方面具有深远的意义。糅杂着诸多法律义务、被泛化使用的行政法律责任概念，反映出我国公法学对法律责任——这一缘起于侵权法和刑法领域、有着蔚为可观理论体系的法律规整机制——研究不足。

二、归责机制存在误区

在我国行政法律责任的理论与实践中，均将违法作为行政赔偿

---

① 参见《新华字典》，商务印书馆1980年版，第1050页。

② 参见余军：《法律责任概念的双元价值构造》，载《浙江学刊》2005年第1期。

③ See Wesley Newcomb Hohfeld, *Fundamental Legal Conceptions as Applied in Judicial Reasoning*, Dartmouth Publishing Company and Ashgate Publishing Limited, 2001.

④ 在此意义上，张文显教授将法律责任界定为：违反第一性义务的基础上需承担的第二性义务，是非常精准的。参见张文显：《法学基本范畴研究》，中国政法大学出版社1993年版，第185～187页。

责任的归责原则,而由合法行政行为引发的行政补偿责任,则适用结果归责原则,即只要损害结果由行政主体的合法行政行为引起,就可归责。违法归责原则中的“法”又被等同于行政诉讼中用以判断行政行为效力的法,尽管后来被众多学者所修正,对法的含义作了各种可能的解释,[①]但无论如何,这种违法性评价终究无法摆脱对行为的客观评价之维度。以对行为的客观评价机制作为法律责任的归责机制,这种对法律责任的理解显然是存在不足的。

按照大陆法系公法学之通说,行政法上的责任应当属于侵权法的范畴,其实质乃是公法上的侵权法,与民事领域的侵权责任相比,其特殊之处在于导致侵害的主体是公权力行为,但其功能最终仍落脚于损害填补,这与民事领域的侵权责任并无二致,因此对于行政法律责任基本构成的设置这一关于侵权法基本理论的问题,尚需遵循具有悠久历史、业已十分成熟的民事侵权责任理论。传统的民事损害赔偿责任的构成要件包括:

(1)构成要件该当性(加害行为、现实损害结果、加害行为与现实损害结果间的因果关系)。

(2)不法性(考察是否存在不法阻却事由,将现实损害结果排除出不法性评价)。

(3)有责性(故意、过失)。[②]

前两者一般被称为损害赔偿的客观构成要件,有责性被称为损害赔偿的主观构成要件,由此形成了“客观不法性”与“主观有责性”之二元构成。归责原则属于有责性的范畴,与“客观不法”并不属于

---

① 参见马怀德主编:《国家赔偿法学》,中国政法大学出版社 2001 年版,第 47 页;周汉华:《论国家赔偿的过失责任原则》,载《法学研究》1996 年第 3 期;蔡仕鹏:《行政赔偿违法归责原则的合理定位》,载《行政法学研究》2008 年第 1 期。

② 参见王泽鉴:《侵权行为法》(第 1 册),中国政法大学出版社 2001 年版,第 87 ~ 88 页。

同一范畴。在民事赔偿责任中,过失的认定系以行为人对构成要件实现的可预见性以及可避免性为其必要条件,因此相异于单纯违反行为义务而构成违法性的情形,在过失的范畴内,除同一内容义务的违反外,尚须加上另一条件,即与行为人处在相同具体情况下的善良管理人对该同一内容的义务是否系客观可认识,并且客观上得被期待执行此等义务,换句话说,行为人在单纯违反行为义务而构成违法性之后,在侵权行为责任领域内,若该等行为义务的内容亦为与行为人处在相同具体情况下的善良管理人认为客观可认识,并且客观上得被期待执行此等义务,则此时行为人方具主观可归责性的过失。[①] 可见,在民事赔偿领域,有责性判断和违法性判断遵循完全不同的机制。即使是不考虑过错的民事补偿责任,有责性要件仍不可或缺,无非将其中具有"道义非难"性质的故意和过失判断,转换成了基于"社会非难"、利益均衡属性的社会危险性和"特别牺牲"判断,即行为人因从事具有社会危险的活动致人损害,或者是受损害者因忍受了超出一般社会成员应承受范围的"特别牺牲",基于利益平衡的考量引起补偿的发生。在本质上,归责是指法律基于特定的价值标准对实施侵害之行为或者是支配该行为之主观心理状态所作的"道义非难"和"社会非难"。[②]

行政法上的赔偿责任和补偿责任,不可能打破上述理论逻辑,但现有的违法归责原则显然很难在"客观不法性"与"主观有责性"这一法律责任的基本构成中得以安置。如果在不考虑过错的前提下,仅以行政诉讼层面上的行政行为违法作为归责依据,即使

① 参见王千维:《民事损害赔偿责任成立要件上之因果关系、违法性与过失之内涵及其相互间之关系》,载《中原财经法学》2002 年第 3 期。

② See Fleming, *An Introduction to the Law of Torts*, 2nd edition, Clarendon Press, 1985, p. 9.

对违法归责原则中的“法”作广义解释,将诸多实质意义上的法规范囊括其中,仍属于对行为的客观评价,属于“客观不法性”的范畴,将导致我国行政赔责任机制中“主观有责性”这一要素的实质缺失。若是按照某些学者的修正学说,将违法归责原则中的“违法”理解为侵权法上的“不法”,并以“行为不法”说解释其含义,从“行为不法”中推定过失,从而赋予违法归责原则以过失责任原则的效果,这一方案试图借鉴侵权法上的“过失客观化”机制,通过法律解释化解违法归责原则的危机,但仍然在理论上难以自圆其说:民事侵权法上的“过失客观化”旨在以“过失吸收违法”,而不是以违法吸收过失,即在维护“主观有责性”这一要件的前提下,寻求以违法的具体表现这一客观标准判断行为人主观上的过失,但我国行政法上的违法归责原则导致了“主观有责性”要件的完全缺失,即使通过解释赋予违法以判断过失的功能,尚不能在理论上使国家赔偿责任摆脱“客观不法性”与“主观有责性”之二元构造含混不清的状态。

三、行政赔偿责任与行政补偿责任关系界定存在的问题

归责机制等行政法律责任的基本构造方面存在的误区,引发了我国学者在界定行政赔偿责任与行政补偿责任关系方面的问题。按照目前具有代表性的权威行政法教科书的观点,行政赔偿和行政补偿主要在以下两个方面存在区别:

第一,发生的条件不同。行政赔偿责任由违法行政行为引发,行政补偿责任由合法行政行为引发。

第二,性质不同,行政赔偿责任为法律责任,目的在于恢复到合法行为所应有的状态,行政补偿责任为“非违法责任”,目的为补救

特别损失实现公平负担,等等。[①]

在这两个看似简单、明确的论断背后,其实潜藏着理论上或是实践层面的危机。

首先,这种分类与大陆法系公法上的赔偿责任与损失补偿的分类十分相似,在德、日等国的公法上,国家赔偿与损失补偿乃是其国家公法责任体系的二元支柱,一般认为,国家赔偿由违法公权力行为导致损害而引起,损失补偿则由合法公权力行为导致损害引起。[②]我国学者对行政赔偿责任与行政补偿责任的分类显然是受到了大陆法系公法的影响——将两者的赔偿责任直接对应、将行政补偿责任简单地对应于损失补偿,然而这种源于德国法上的分类由于理论上难以自洽多年来一直遭受质疑。在德国法上,损失补偿制度由征收补偿、"违法但无过错的公权力行为损失补偿"以及"公权力附随效果损失补偿"等部分组成。按照本书第三章的结论,征收补偿属于"合目的性侵害"可排除出责任的范围,但"违法但无过错的公权力行为损失补偿"以及"公权力附随效果损失补偿"则属于对私人权利构成"非目的性侵害"引发的损失填补机制,属于责任的范畴,也就是说,这两者才属于对私人权利构成不法侵害的行政补偿责任的类型,而其成立要件是"公权力行为违法"但"无过错"。这种类型的损失补偿源于 1952 年 6 月 10 日联邦德国普通法院的判决,法院认为,公权力机关或其公务员的公务行为虽无故意或过失,但不法侵害人民财产权的损失填补问题,不能请求国家赔偿,属于法律漏洞,法院于是援引《德国基本法》第 43 条关于征收补偿精神与"特别牺

① 参见姜明安主编:《行政法与行政诉讼法》,北京大学出版社、高等教育出版社 2015 年版,第 546 页。

② 参见台湾行政法学会主编:《损失补偿、行政程序法》,台北,元照出版有限公司 2005 年版,第 49 ~ 50 页。

牲”法理的规定，进行类推适用——既然征收补偿这类合法行为所致的损害都能得到补偿，那么，此类违法行为所致的损害更应当获得补偿了。[①] 可见，在德国公法上，区分赔偿责任和补偿责任的真正标准乃是过错，至于征收补偿这类合法行为引起的损失填补，并非真正的法律责任，这在德国公法理论上已经成为共识，可见行政补偿责任并不能简单地等同于大陆法系公法上的损失补偿。至于行政主体的职权行为是否合法与是否承担赔偿责任或补偿责任不存在必然联系，是否存在过错才是问题的关键，即一个违法但无过错的行政行为导致的损害，只需承担补偿责任。例如，我国《宪法》第13条规定，国家可以基于公共利益之需对公民的财产实施征收或征用，同时必须给予补偿，但某下位法规范没有对为实现特定公共利益目标对公民财产进行征收的补偿范围和种类进行规定，致使行政机关实施行政征收时，没有对某甲进行补偿，该行政征收行为应当认定为违法(行政行为的依据违反了上位法规范——宪法规范，致使行政行为效力瑕疵)，但此种情形，很难认定行政机关存有过错，因而只需承担补偿责任。

其次，国家赔偿责任对损害的填补程度为“恢复到应有状态”，行政补偿责任对损害的填补程度为“恢复到原有状态”，这是侵权法理论之通说。我国学者对这一标准的认同主要是受到域外法学的影响，但我国的行政法律责任制度设置和法律实践并不认可这一观点。这一标准的正当性依据在于归责机制，赔偿由过错所引致，认定过错实际上是一种“道义非难”，意味着在此种心理状态支配下的导致损害的行为具有“可责罚性”，而补偿无须考虑过错，补偿的本质是一种基于社

① 参见翁岳生编：《行政法》(下册)，台北，翰芦图书出版公司1999年版，第二十一章“损失补偿”。

会安全、社会公平考量所进行的利益均衡机制，并不具有道义上的可谴责性。因此，法律对因过错而导致的损害规定了更高的填补标准——应恢复到应有状态（填补可得利益），而对于非过错导致的损害只需恢复到原有状态（填补直接损失），这正是法律责任机制中归责原则的主要功能之一。由于我国的行政法律责任在归责方面并不考虑过错因素，国家赔偿责任和国家补偿责任的上述差别并不存在：我国的国家赔偿实际上是恢复到原有状态，并不赔偿可得利益。

第二节　"不法性"与"有责性"框架下的行政赔偿责任和行政补偿责任的解析

我国行政法上关于行政赔偿责任和行政补偿责任存在的问题，其实质是对构成法律责任的核心要素认知不足。传统的侵权法理论一般从"客观不法"与"主观有责"这一框架来解释侵权责任的构成要件与逻辑推演过程。在这一框架下，因过错而产生的赔偿责任可以得到较为完整、精确的阐释，同时也可以显现出赔偿责任与补偿责任之间的结构性差异。我国学界对行政法律责任的认识误区在很大程度上可以归结于对这一框架的认知不足——对"主观有责"要件的法律功能与运行机制缺乏深入认识，以至于模糊地以属于"客观不法"范畴的行政行为违法作为归责依据，从而导致两者之间的混同。以下将在"不法性"与"有责性"的分析框架中，尝试对行政赔偿责任和行政补偿责任的形式结构进行厘清，以期消解我国学界在此领域的一些认识误区。需要说明的是，由于行政补偿责任并不涉及对行为人主观心理状态是否存在过错的考量，因此，用"主观有责性"这一称谓指称并不准确，故在以下的分析中，将"主观有责性”改为“有责性”。

一、理论基础:客观法律秩序和主观法律秩序

法律责任与法律义务都可以通过法律上的强制予以实现,两者的这一相同之处很容易蒙蔽其根本性结构的差异。法律责任调整机制的核心在于因侵害的不法性而导致责罚,并非单纯的义务违反导致强制。我国学者张文显教授将法律责任定位于第一性义务违反而引起的第二性义务是十分准确的,[①]所谓“第一性义务违反”实际上指向行为和侵害的不法性,其中蕴含着十分复杂的逻辑和价值构造。对于这一构造的理解,实际上可以通过客观法律秩序和主观法律秩序的框架展开,在这一过程中,行政赔偿责任和行政补偿责任之间的结构性差别也可以得到解析。

正如马克思所言,“对于法律来说,除了我的行为以外,我是根本不存在的,我根本不是法律的对象”[②],人的意志或意思只有外化为行为并对身外之世界产生影响,它才能成为法律调整的对象,反之,行为在很大程度上又可视为人的主观意志的客观化。那么,法律是如何对人的行为进行调整,并处理行为和意志之间的关系的呢?自从德国法学家耶林提出“主观的不法”与“客观的不法”概念后,[③]其意义已经远远超越了侵权法的领域,从分析法理学(analytical jurisprudence)角度考察,其可以引申出法律对行为的两种调整方式,即对行为结果的调整和对行为过程的调整。“客观的不法”是对行为结果进行调整所作的否定性评价,和民法、侵权法上

① 参见张文显:《法学基本范畴研究》,中国政法大学出版社1993年版,第185~187页。

② 《马克思恩格斯全集》(第1卷),人民出版社1995年版,第168页。

③ 参见[德]鲁道夫·冯·耶林:《为权利而斗争》,梁慧星译,中国法制出版社2001年版,第1~31页。

的“结果不法”相吻合,[①]即行为在客观上造成了他人权利的侵害,这一调整方式只关注行为的客观结果,而不问行为人采取行为时的精神状态;“主观的不法”可视为对行为过程进行调整所作的否定性评价,与民事侵权法上“行为不法”相一致,[②]即行为人在实施行为时其主观心理处于“不法”状态(故意或过失),这种调整方式实际上是以各种注意义务对行为过程进行规整。从这两种调整方式出发,进而又可以归纳出两种发挥着不同社会机能的法律秩序——客观法律秩序和主观法律秩序。[③]

---

① 传统的违法性理论是指“结果不法”,即凡行为侵害他人权利者,如驾车撞伤路人、绑架杀人、烧毁他人房屋等,即属违法,学说上称为因符合构成要件而征引违法性。根据这种学说,加害行为之所以被法律非难而具有违法性,是因为它导致了对权利侵害的“结果”,除了发生违法性阻却事由(正当防卫、紧急避险和自助行为)以外,只要某行为存在客观的侵害后果,均属不法。参见朱新力、余军:《国家赔偿归责原则的实证分析》,载《浙江大学学报(人文社会科学版)》2005 年第 3 期;王泽鉴:《侵权行为法》(第 1 册),中国政法大学出版社 2001 年版,第 229 页;史尚宽:《债法总论》,中国政法大学出版社 2000 年版,第 125 页。

② “行为不法说”认为,在故意侵害他人权利的情形中,一个行为因导致他人权利受侵害而被认为构成违法是妥当的,因为故意侵害他人当然为法律所禁止,行为的违法性可直接认定;但在过失侵害他人权利的情形中,行为违法性的成立须以行为人未尽避免侵害他人的注意义务为必要条件。注意义务的违反是违法性的必要特征。反之,若行为人已尽到社会活动方面的必要注意义务时,即使其行为具有侵害他人权益的客观后果,也不能被认为构成违法[参见王泽鉴《侵权行为法》(第 1 册),中国政法大学出版社 2001 年版,第 230 页]。英美法系的侵权法理论也达致了同样的认识,即将注意义务作为判断行为违法性的标准[Draft Restatement (Third) of the law, *Torts*: *Liability for Physical Harm*, Tent. Draft No. 1, 2001, § 1, comments a, d.]。

③ 在美国的侵权法理论中,对行为人实施行为时“明显的、可预见的世界”与“事实状态的世界”的区别实际上已将法律秩序主、客观二元化,这种做法为侵权责任的确定提供了基本思路(See Giuseppe Dari Mattiacci, *Errors and the Functioning of Tort Liability*, George Mason University Law & Economics, Research Paper Series No. 3 – 40; Supreme Court Economic Review, Vol. 13, No. , 2005, Available at SSRN: https://ssrn.com/abstract=442041 or http://dx.doi.org/10.2139/ssrn.442041)。在凯尔森的“纯粹法”理论中,行为的“主观意义”(subjective meaning)与“客观意义”(objective meaning)的划分似乎已经使得“主观法律秩序”与“客观法律秩序”初显端倪(See Hans Kelsen, *Pure Theory of Law*, Translated by Max Knight, University of California Press, 1967, p. 2 – 3)。我国学者陈裕琨则在分析法学的层面上对主、客观法律秩序进行了较为完整的梳理(参见陈裕琨:《分析法学对行为概念的重建》,载《法学研究》2003 年第 3 期)。

第一,客观法律秩序。法律对行为结果的调整在客观上产生了一种重要的法律秩序,可称为客观的法律秩序。之所以用“客观”二字来限定,是为了表明,这种法律秩序体现了立法者对行为人实施行为时可能产生的客观结果的一种要求。但从立法技术上看,这种法律秩序是从对另一方法律主体(非行为人一方)的某种利益进行保护的角度来设置的,设置的结果产生了各种“权利”制度,如人身权制度、财产权制度或其他法律制度,这些权利制度保护的是相对人的人身利益、财产利益以及其他利益。这些制度设置事实上贯穿了宪法、部门实体法和部门程序法。“客观法律秩序”架构了社会生活中最根本的法秩序,比如,人身权关系、财产权关系。对它的违反意味着侵权,“结果不法”体现了法律对行为结果的否定性评价,即行为对特定法律权利构成了侵害,义务的违反意味着对权利的侵犯。比如杀人——非法剥夺他人生命,意味着对“客观法律秩序”中人身权关系的破坏;损毁他人财产,构成对“客观法律秩序”中财产权关系的破坏。

第二,主观法律秩序。法律对人的行为过程的调整产生了另一种处于辅助地位的法律秩序,可称为主观的法律秩序。之所以用“主观”二字来限定,就是为了表明,这种法律秩序体现了立法者对行为人在行为过程中的主观意图提出了进一步的要求。因此,这种秩序显然必须附属于客观的法律秩序,否则它就失去了存在的逻辑基础。从立法技术上看,这种法律秩序是从对行为人进行限制的角度来设置的,设置的结果在字面上表现为“义务”的制度,如民法、刑法上规定有关注意义务的各种法律制度,这些制度为行为人设置了各种情形下的行为标准——通过对行为过程的直接调整和规范,实质上作用于行为人的主观意志,要求行为人在采取行为时,主观上必须尽到“合理的注意”。这些标准被广泛规定在法律、法规以及行业内部的规章、规范之中,在成文规范尚未涉及的领域,甚至有些还存在于社会习惯和人们基于一般经验所作的判断之中,这些实证法规范形成了为行为人设定注意义务、无所不在的"主观法律秩序"。对"主观法律秩序"某一规范的违反,表明行为人未尽注意义务,可推定过失的存在。

"客观法律秩序"和"主观法律秩序"的区分为我们认识法律责任的基本结构提供了基础框架。人类历史上的法律责任制度经历了从"法律幼年时期"的加害责任(结果责任)到近现代法治的以过失责任为基本原则的发展过程,[①]古代社会的加害责任(结果责任)的成立实际上是对"客观法律秩序"的违反,只要行为在客观上造成了他人权利的损害,行为人就必须承担法律责任,归责的根据是行为的结果,这是人类法律制度进入文明时期以前,侵权法简单的价值取向——"恢复社会秩序"使然。近代以降,侵权法具备了填补损害、预防损害等多元的社会机能,尤其是19世纪以来,个人自由主义理念的盛行使得过错责任成为金科玉律。正如耶林所言,"使人负损害赔偿的,不是因为有损害,而是因为有过失,其道理就如同化学上的原则,使蜡烛燃烧的,不是光,而是氧气一般的浅显明白"[②],过错责任原则将归责的根据置于行为人的主观过错,因此,从责任的逻辑构造上分析,它首先必须满足对"客观法律秩序"的违反这一条件(造成损害),然后必须考察行为人是否违反了"主观法律秩序",探求其行为时是否具有过错之心理状态。法律责任制度中过错的确定从来都不是一个对主观心理的探究过程,因为法律无法直接作

---

① See Francesco Parisi, *The Genesis of Liability in Ancient Law*, George Mason University school of law, Law and Economics Working Papers Series, 2001, p. 1 – 27.

② 王泽鉴:《侵权行为法》(第1册),中国政法大学出版社2001年版,第13页。

用于人的心理、精神世界,“主观法律秩序”中为判断行为人的“注意义务”而设置的一系列行为规范是确定心理过失的客观依据,它以社会中“理性人”的行为标准与侵害人进行比较,违背这个标准即证明其未尽到“注意义务”,从而确定过错的存在,这个过程就是侵权法上所谓的“过错的客观化”。违反“主观法律秩序”是过错责任的核心构造所在。在这个分析框架中,过错责任的成立必须同时满足违反“客观法律秩序”和违反“主观法律秩序”两个条件。

随着工业化时代的来临,机器化大生产所带来的普遍风险使得无过错归责应运而生,这种责任形式的评价机制排除了对行为人主观过错的判断,而是基于特定的损害事实,这意味着过错作为负责条件的分离。因此,在“客观法律秩序”和“主观法律秩序”的分析框架中,无过错责任原则仅意味着对“客观法律秩序”的违反,即只要行为在客观上造成了损害,侵犯了客观法律秩序中的权利,而不论行为人主观上是否具有过失,就须承担责任。在法的形式意义上,这种归责原则与古代的结果责任并无区别,但其归责的依据却与古代的结果责任大相径庭,即行为人即使主观上无过失,其行为只要造成了损害,法律往往从“利益均衡”或“个人社会负担平等”的社会性价值进行评价。无过错责任的归责标准大多由法律作出特别规定,适用无过错责任原则的情形由法律作出明文规定,这些法律条款实际上是建立在立法时对法律所欲保护的社会利益充分考量基础上的,是社会性价值客观化的结果。无过错责任的本质是一种“社会非难”,即以社会性价值为标准对侵犯权利行为所作的否定性评价,这是一种功利性的社会处置手段。民法、国家赔偿制度中的“危险责任”“特别牺牲责任”是无过错责任的具体形式,行为人从事具有高度危险的活动给他人造成了损害或者其行为使他人不得不承受超过一般公众所应承受的特别牺牲,无论是否具有过失均应承担赔偿责任。

“客观法律秩序”和“主观法律秩序”的建构为法律责任的“客观不法性”与“主观有责性”之二元构造提供了理论基础。“客观法律秩序”对应于“客观不法性”,“主观法律秩序”对应于“主观有责性”。对“客观法律秩序”的违背意味着行为结果的不法性,即不被整体法秩序所认可。放在原权利、救济权的权利分类中,“客观法律秩序”也可以看作是由原权利法律关系所构成的法秩序,对这一秩序的侵犯意味着侵犯了原权利。行为所产生的不法侵害是否要承担责任以及承担何种责任?这就进入了“主观有责性”判断阶段。典型的法律责任(过错责任)的产生,必然是同时违反了“客观法律秩序”和“主观法律秩序”,具备“客观不法性”与“主观有责性”;而无过错责任则意味着仅对“客观法律秩序”的违反,仅具备“客观不法性”,虽然无过错责任无须考虑“主观有责性”,但并不表示归责机制的缺失,如上所述,在无过错责任中,其归责的依据只是以“利益均衡”(危险责任、特别牺牲责任)为表现形式的“社会非难”,取代了体现为过错判断的“道义非难”。在这一框架中,行政法上的赔偿责任和补偿责任的结构机理和逻辑推演可以得到清晰的解析,从而彻底厘清两者之间的异同。

二、行政赔偿责任和行政补偿责任的构成

(一)客观不法

客观不法要件的起点在于考察有无损害的发生,然后判断这一损害是否具有不法性。我国行政法上的赔偿责任和补偿责任由权益损害而引发,所谓权益损害,就是考察损害是否具有不法性,这种不法性判断应当立基于“结果违法”,这显然不是指通常意义上的行政行为违反具体的法规范导致效力瑕疵的行政违法,而是指行政主

体的行政行为实施后果造成行政相对人的权益损害,即侵犯了原权利。由于并不关心导致损害的行政行为是否违法,而是考察其实施结果是否导致不法损害,这就和我国学界的主流观点“合法行为导致损害引发行政补偿、违法行为导致损害引发行政补偿”产生了区分。在这个要件上,行政赔偿责任和行政补偿责任并无区别,均指损害后果的不法性。“结果违法”判断包括以下两个步骤。

第一,“结果违法”可能性的认定。这一环节又可以分为两个步骤:(1)实际损害后果这一客观事实的认定。实际损害是指某行为给被害人造成事实上的不利益,“易言之,损害发生前之状态,与损害发生后之情形,而相比较,被害人所受之不利益,即为损害之所在”[①]。行政法律责任中的实际损害是指行政主体的行为造成了行政相对人的不利益。行政相对人的不利益可能包括对生命、健康的侵害,对人身自由的侵害以及对财产的侵害。行政补偿责任中的“结果违法”与行政赔偿责任并无不同,其侵害的对象亦指向生命、健康、人身自由等。(2)根据法律规定或价值判断,如果该损害后果所涉的利益已经或值得受法律保护,那么就可以认定行政相对人的某个权利可能受到了侵害,即行政活动存在侵犯原权利的可能性。例如,《浙江省历史文化名城名镇民村保护条例》第27条规定:“在历史文化街区、名镇、名村核心保护范围内,不得进行新建、扩建活动……”王某的祖传私宅被有关部门认定为位于历史文化街区的核心区域而被禁止进行新建、扩建,政府部门的这一决定对王某造成的不利益,可以认定为其住宅权受到了侵害;王某因开车闯红灯被交通警察扣押驾驶执照,发生争执后被执法交警殴打,可以认定为王某的人身权受到了侵害。

---

① 曾世雄:《损害赔偿法原理》,中国政法大学出版社2001年版,第120页。

第二,违法阻却事由的判断。违法阻却事由是考察客观不法性的最终环节,如果存在违法阻却事由,将彻底否定上一环节所产生的违法可能性。与民法类似,行政法律责任中的违法性阻却事由主要应包括正当防卫、紧急避险等。在行政法上,行政主体所实施的正当防卫、紧急避险体现为行政法上特有的“即时强制”措施(行政强制措施),[①]如果行政相对人的损害是行政机关“即时强制”措施所致,那么,违法阻却事由成立;除了“即时强制”外,行政法上的违法阻却事由还可能包括行政机关其他的行使职权的行为。如前述例子中,王某的祖传私宅被政府部门禁止新建、扩建,王某所受到的权益损害的不法性,可被行政机关履行职权(认定“历史文化街区”之行政确认权)之理由所阻却而排除不法性;但交警在执法过程中因和王某发生争执而殴打王某,其人身权所受不法侵害因不存在正当的阻却事由而成立不法性。如果发生违法阻却事由,则行政法律责任的判断就此中止,行政相对人的损害系合法损害。按照本书第三章的结论,判断行政活动是否导致原权利侵害,即损害是否具有不法性,可用是否具备“目的性侵害”这一标准,如果是目的性侵害,即侵害结果是在行政行为的规范目的考虑范围之内,属于可预期的侵害,那么此侵害就不是不法侵害,将不产生法律责任。超出行政行为目的考量范围的、不可预见的侵害,属于侵犯原权利的不法侵害。

---

① 即时强制为大陆法系行政法上之称谓,在中国行政法上,大致对应的概念应为行政强制措施。行政强制措施中包含着如下类型:一是行政公务人员为了保护合法权益不受侵害,对正在实施的不法侵害采取强制手段予以制止,这大概相当于正当防卫;二是在紧急情况下,为了防止更大危害的发生,采取强制措施对相关人员的人身、财产权进行限制,这大致相当于紧急避险。如消防队员为防止火势蔓延,在来不及通知所有人的情况下强行拆除火源周围未着火的建筑,即为典型的紧急避险型“即时强制”,其原理与民法上的紧急避险相通。参见翁岳生编:《行政法》,台北,翰芦图书出版公司1998年版,第931页。

这一判断标准和违法阻却事由的判定完全吻合,在实践中,如果行政活动导致损害的不法性被即时强制等不法阻却事由所阻却,那么,这一损害可以被视为"目的性侵害"而被排除不法性,因为在特定情况下行政机关依法发动即时强制显然是法律的规范目的所在,所导致的损害是行政机关可以预见的。如消防人员为了防止火势蔓延,采取强制措施将火源附近的木质结构建筑拆除,导致的损害应为合目的性损害,此种损害的补偿应为不在行政法律责任范围之内的财产权限制补偿。

可见,无论是行政赔偿责任还是行政补偿责任,在客观不法性要件上并无区别。行政活动导致权益的不法损害(侵犯原权利法律关系),是两种行政法律责任的共同要件。

(二)有责性判断

在确定了损害的不法性以后,则进入"主观有责性"判断这一环节。但由于行政补偿责任不涉及行为人的主观过错,故改称为"有责性判断"。在这个环节,行政赔偿责任和行政补偿责任发生了分殊,这是区分两种法律责任的关键所在。我国学界主流的观点在这一问题上的立场较为模糊,认为行政赔偿责任由违法行政行为引起,行政补偿责任由合法行政行为引起,此处的合法或违法,似乎指向行为的合法性判断,又具有归责的功能,这恰恰体现了学界对"客观不法""主观有责"这一责任构成的认知不足。

1. 行政赔偿责任

就行政赔偿责任而言,"主观有责性"判断指向行政主体的主观过错或主观上的可受责罚性,即导致损害的行为是在故意或过失的主观心理状态支配下实施的,在哲学意义上,这种心理状态是指具有自由意志之人主动选择为恶或未尽到合理的注意义务,因而在道义上应该受到谴责。① 在主观法律秩序的架构中,故意或过失意味着行为人对法律为其设置的注意义务的违反。如何判断行为人违反注意义务,现代法律责任制度经由了从“主观过失说”向“客观过失说”的转变。“客观过错说”的确立意味着法律为行为人确立了客观化的注意义务,这种注意义务具体表现为各种一般性的社会行为标准,对这些一般性的社会行为标准的违反即可推定行为人过失的存在,其背后的实质依据乃是“善良管理人”②或“合理人”的注意要求。③ 与民法、刑法制度一样,行政法制度为行政主体设置“注意义务”的“主观法律秩序”广泛地存在于法律、行政法规、行政规章以及所有的行政规则、行政规范性文件中,同样在诸多缺少成文规则的情形中,“注意义务”的确定依赖于基于一般经验或行业标准所作的判断,这些“注意义务”乃行政权力运作之行为准则。在法治原则下,现代行政法体系为公权力主体设置了全方位的、系统的行为规则,衍生出一套细密而精致的公权力行为控制技术。这些行为规则

① 参见余军:《法律责任概念的双元价值构造》,载《浙江学刊》2005 年第 1 期。

② 参见曾世雄:《损害赔偿法原理》,中国政法大学出版社 2001 年版,第 82 页。

③ 然而,就具体的个案而言,上述“社会一般行为”或“社会一般理性”标准仍然是抽象的,实证法规范的行为标准往往不足以掌握生活现象的多样表现形态,此时必然涉及法律适用过程中对“主观法律秩序”规范的发掘,在既定规范框架中的“类型化”思考是一种有效的解决方式,“社会的一般行为标准”所适用的是“经验性类型”,评价者须从生活关系中的意义或价值出发,在事实与规范之间“目光往返流转”,最终从具象而相关的社会事实中归纳出“社会典型的行止方式”作为评价过错的客观标准。对“社会典型的行止方式”这一规范的违反,表明行为人未尽注意义务,可推定过错的存在(参见[德]卡尔·拉伦茨:《法学方法论》,陈爱娥译,台北,五南图书出版公司 1992 年版,第 380 页)。在美国侵权法中,“合理人”(reasonable person)的概括标准由于其“模糊性”、仅具有“修辞学”(rhetoric)上的意义等原因正受到学者广泛的批评,比较流行的观点是,用更为具体的、具有实质意义的过失标准使“过错人格化”(personify fault)。See Kenneth W. Simons, *Dimensions of Negligence in Criminal and Tort law*, The Boston University School of Law Working Paper Series Index, http://www.bu.edu/law/faculty/paper.

包括了对行为主体在实体和程序等各方面的要求,其实质内容均在于:要求公权力主体在实施行为时,必须尽到合理的注意。然而,由于行政法关系的特殊性,有必要对行政主体法律上的义务作更为细致的划分,在德国的行政法上,行政机关的义务被进一步区分为"一般的职务义务"和"对特定人的保护义务",[①]前者是指公务人员针对其所属的行政主体所承担的职务以及行政机关基于行政内部关系承担的义务,后者意味着针对相对人或者第三人的特定义务,只有对后者的违反才可推定过失的存在,从而产生赔偿责任,即"对他人保护义务"条款是行政机关注意义务的客观化。在我国的行政法上,行政行为对实证法规则的违反被称为"行政违法",但由于我国行政法并未就行政机关的义务作上述德国式的细致划分,因而中国行政法上的行政行为违法并不能作为"过失客观化"的依据。在诸多情形中,行政行为违法仅仅意味着行政行为效力的瑕疵,而与行政机关是否存在过失不存在必然的联系。

依据域外的行政法的实践经验,个案中判断行政行为是否存在过失可以遵循以下路径,即在确认不法侵害之后,公务员执行公权力的职务行为,如果有以下情形的,可推定过失的存在:(1)执法人员忽视了行政行为作出过程中应当遵循的法规。(2)错误地解释法规。执法人员对法规的解释违背了理论上或判例法上毫无疑义的通说,如果存在分歧,执法人员采用其中一种解释方案,则不属于此类情形。(3)服从长官或上级机关的违法指令。但反对意见认为,公务员本应具有服从长官或上级机关命令之义务,此种情形很难认定执法人员过失的存在,作出违法指令的长官或上级机关反而具有

---

① 参见[德]哈特穆特·毛雷尔:《行政法学总论》,高家伟译,法律出版社2000年版,第626~627页。

可责性。(4)认定案件要件事实时,未尽调查义务。(5)对个案事实认定错误。(6)违反安全保护义务。公务员执行职务行为时,如能预见将致特定人生命、身体或财产发生危害时,即具有确保其安全之义务,如预防接种、监所设施的安全管理、教育设施的安全管理等事项,公务员具有安全保护义务。以上针对公务员行为的过失客观化标准,如果致害行为系合议制行政机关所为,则以该机关作出该决定过程以及机关成员在作出决定过程中是否存在错误作为推定过失的依据。①

需要说明的是,关于国家赔偿性质,一直存在"自己责任说"和"代位责任说"的争议。有学者认为,如果采"自己责任说",则无论公务员有无过错,只要损害发生在公权力运行过程中,国家都要承担责任,即采用"自己责任说"的国家赔偿责任应当适用无过错原则,只有采用"代位责任说"时,才涉及公务员的故意或过失的判断。② 但考察域外国家赔偿制度可以发现情况并非如此,如采用"自己责任说"的法国行政法,其最高行政法院创设了"公务过错"理论作为归责依据,虽然在归责过程中需要区分个人过错和公务过错,但公务过错被认为源于公务人员(但不能归责于公务员),表现为公务员的疏忽、怠惰和自私,即用公务运作瑕疵之客观情势推定公务过错,其实质是指行政机关组织作用的不健全。③ 可见,由于"过错客观化"机制在归责中的运用,"自己责任说"和"代位责任说"在归责方面并无重大分歧,即使认为国家赔偿的性质系"自己责任",公务员的过错认定仍然具有重要意义。

---

① 参见翁岳生编:《行政法》,台北,翰芦图书出版公司1999年版,第二十章。

② 参见王锴:《我国国家公法责任体系的构建》,载《清华法学》2015年第3期;翁岳生编:《行政法》,台北,翰芦图书出版公司1999年版,第二十章。

③ 参见王明扬:《法国行政法》,中国政法大学出版社1997年版,第723页。

2. 行政补偿责任

在行政补偿责任的认定中，如果确认不法侵害存在，则无须进行过错存在与否的判断。如前所述，无过错责任意味着过错作为责任条件的分离，导致责任的不法侵害仅仅意味着对“客观法律秩序”的违反。将行政补偿责任与无过错责任对接，这是各法治成熟国家之通例，这意味着在归责方面，行政补偿责任需要基于“社会危险性”或“个人社会负担平等”利益均衡机制，以取代过错判断机制。在个案中，这种归责方式较为直接、明了，一般需要法律作出特别规定，因而行政补偿责任一般均由法律就具体案件类型作出明文规定，这是因为在传统的侵权法上，“无过失则无责任”乃是 19 世纪以来如同自然法则般地不可撼动的教条，[①]而无过错责任则是肇始于现代工业社会、兴盛于“二战”以后的新型责任，故在立法上需要特别规定。在我国当下的法律法规中，有关行政补偿责任的事项都有法规范作出明文规定。如《野生动物保护法》第 14 条规定：“因保护国家和地方重点保护野生动物，造成农作物或者其他损失的，由当地政府给予补偿。”《广播电视设施保护条例》第 14 条第 1 款规定：“在天线、馈线周围种植树木或者农作物的，应当确保巡视、维修车辆的通行；巡视、维修车辆通行，对树木或者农作物造成损失的，由广播电视设施管理单位按照国家有关规定给予补偿。”《人民警察使用警械和武器条例》第 15 条规定：“人民警察依法使用警械、武器，造成无辜人员伤亡或财产损失的，由该人民警察所属机关参照《中华人民共和国国家赔偿法》的有关规定给予补偿。”在这些规定中，因保护野生动物造成农作物损害，因巡视车辆、维修车辆通行造成

① 参见周汉华、何峻：《外国国家赔偿制度比较研究》，警官教育出版社 1992 年版，第 7 页。

树木、农作物损害，警察使用武器、警械造成无辜人员伤亡或财产损失，均属于侵犯原权利的非目的性损害，至于损失填补的问题，只需依据法律法规的明文规定给予补偿即可。

（三）小结

在“不法性”和“有责性”框架中对行政赔偿责任和行政补偿责任进行分析，我们可以得出以下结论。

1. 行政赔偿责任和行政补偿责任之所以被称为责任，其共性在于“不法性”，即对“客观法律秩序”的违反。这种不法性并非通常所称的用以判断行政行为效力的违法，而是指行为的结果不法，即行为导致的损害后果侵犯了原权利，按照本书第三章得出的结论，可以用“目的性侵害”标准判断是否构成对原权利的侵犯。

2. 行政赔偿责任和行政补偿责任的根本区别在于“有责性”要件，前者以过错为归责依据，对“主观法律秩序”构成侵害，后者在归责时排除对过错的考量，属于无过错责任。行政赔偿责任的核心理念乃是基于主观过错的“道义非难”，行政补偿责任则以利益均衡（危险责任、特别牺牲责任）为目的的“社会非难”为其基础。在德、日的行政法上，引起赔偿责任的违法公权力行为中的“违法”，并非指一般意义上的违反法律规范，而是指向“违反对第三人的职务义务”，在“过错客观化”机制中，这种违法可以作为推定过错的依据。如果公权力行为违反的只是“对国家的应执行义务”，[①]则未必构成国家赔偿责任。可见，在归责时是否考虑过错才是行政赔偿责任和行政补偿责任的根本区别。我国学界效仿大陆法系德、日行政法上的赔偿责任和损失补偿制度，以引起侵害的行为是否合法为标准，

① 参见[德]哈特穆特·毛雷尔：《行政法学总论》，高家伟译，法律出版社2000年版，第626～627页；翁岳生编：《行政法》，台北，翰芦图书出版公司1999年版，第二十章。

区分行政赔偿责任和行政补偿责任,这其实是建立在对其损失补偿制度的构成认识不足的基础上的。

3. 本书第三章所归纳出的行政法律责任的三种规范类型,所解决的是行政法律责任的形式构成问题——符合什么条件,才能在形式上成为行政法律责任的具体类型之一,即解决"是不是行政法律责任"的问题。行政法律责任的规范类型并不考虑责任范围之内的分类问题——行政赔偿责任和行政补偿责任的区分,这一分类以"有责性"判断中是否考虑主观过错为标准,实际上是法律责任机制中的价值判断问题,即在价值论的层面上解决"行为人基于何种理由为自己的行为承担责任"这一责任的正当性问题。

第三节　行政赔偿责任与行政补偿责任的功能

基于过错的不法侵害导致行政赔偿责任,而补偿责任由无过错行为导致的损害所引起,从"责任"一词所包含的"可责罚性"来看,前者肯定要高于后者,日本学者宇贺克也因此认为行政赔偿责任具有针对行政机关的"间接批评的功能",但这种批评功能尚需体现在具体的损害填补程度和范围上,才具有实效性。从损害填补的角度看,行政法律责任实质上属于公法上的侵权法,填补损害乃是侵权法的主要功能之一,而区分赔偿责任和补偿责任的最主要功能就在于确定填补损害程度或范围。

我们需要对行政法上的损失填补制度作一个总体上的划分,方能清晰地展示行政赔偿责任和行政补偿责任的不同功能。根据本书的论证和分析,行政法上的损失填补制度可以作以下两个层面的划分。

第一,不属于行政法律责任体系范围内的损失补偿(非责任损失补偿)。这类损失补偿最为典型的代表为征收补偿,它和基于行政法律责任的损失填补最根本的区别是损害的发生并没有对原权利造成侵害,或者说损害属于“合目的性损害”,即损害本身就在行政活动的目的范围之内,是可预见的损害。以征收补偿为例,行政机关基于公共目的对公民房产的征收所产生的损害以及所给予的补偿,本身就属于行政征收决定的内容。在分析法理学的层面上,行政征收所创设的权利义务关系乃属于行政行为(设权行为)所创设的原权利法律关系。

第二,属于行政法律责任的损失填补。行政法律责任中的损害属于“非目的性”损害,即损害并非行政行为所预期,是对原权利法律关系的侵害。在这一类别下又可以分为行政补偿责任和行政赔偿责任,两者的区别在于归责机制上是否存在基于过错认定的道义上的可责难性。

在上述分类中,不属于行政法律责任体系范围内的损失补偿与行政补偿责任的区别仅仅在于法律形式构造方面,或者说在于法律技术层面——前者因“合目的性损害”而发生,后者系由“非目的性”损害引起。这样的分类可将它们划入不同的法律制度之中,适用不同的规整机制,但在损失填补的程度和范围上,两者之间并无区别,无论是不属于行政法律责任体系范围内的损失补偿(非责任损失补偿)还是行政补偿责任,均因行政机关基于公益目的导致损害。基于财产权的社会义务理论,诸多情形中基于公益目的造成公民财产权损失,公民须予以容忍配合,法律部分地承受因公益的实现而导致的私益减损。但当这种损害超过了社会成员在一般情况下所能容忍的程度,则属于“特别牺牲”,基于“利益均衡”或“个人社会负担平等”原则予以补偿。因此,不属于行政法律责任体系范围内的损失补偿与行政补偿责任的价值核心或正当性基础是“特别牺牲”理论,它们和行政赔偿责任的根本区别在于损害的原因是否具有道义上的可责难性。

有权利则必有救济,对于损害的填补,是正义理念的一部分。在这一层面上,无论是行政补偿责任、非责任损失补偿和行政赔偿责任都有着相同的救济功能、损害分散功能,但是在道义层面的非难性问题上,补偿和赔偿产生了区别。由于行政赔偿责任系由过错行为导致损害所引起,在哲学层面上可以视为具有意志自由之人主动选择为恶或者是违背了善良管理人的应尽注意义务,因而在道义上具备可责难性,这意味着侵害行为与公益的实现相去甚远。对此,法律为行政赔偿责任设置了制裁功能、违法行为抑制功能、违法状态排除功能(合法状态恢复功能)。[①] 这决定了补偿和赔偿在损失填补的程度和范围上的根本分殊。

首先,国家赔偿制度在救济功能、损害分散功能之外,还承载着制裁和违法行为抑制、合法状态恢复功能。因此,对损害的填补须以完全填补为必要,需对权利受损之人的“可得利益”进行全面填补。

其次,行政补偿责任(包括不属于行政法律责任体系范围内的损失补偿)由于只承载着救济功能、损害分散功能,因而对损害的填补以必要填补为必要,只需对权利受损之人的“直接损失”进行填补。

我国国家赔偿制度的赔偿范围限于实际损失,不及民事侵权赔偿中的“所失利益”标准。这种状况也没有得到理论界的应有重视,学界一方面承认行政赔偿责任与行政补偿责任在损失填补方面的

① [日]宇贺克也:《国家补偿法》,肖军译,中国政法大学出版社2014年版,第59页。

区别——前者应恢复到合法行为所应有的状态，后者只是为补救特别损失实现公平负担，[①]另一方面则强调违法归责原则的“简单、明了、易于接受、可操作性强”，排斥过错归责原则在国家赔偿领域的适用，[②]殊不知过错的判定在损失填补范围方面的功能，其根本原则在于，对法律责任机制中归责（有责性）要件的内涵、功能缺乏系统深入的关注。

---

① 参见姜明安主编：《行政法与行政诉讼法》，北京大学出版社、高等教育出版社 2015 年版，第 546 页。

② 参见姜明安主编：《行政法与行政诉讼法》，北京大学出版社、高等教育出版社 2015 年版，第 567 页。

第五章　行政法律责任的归责机制

对法律责任制度中的归责机制缺乏深入、系统的关注，是当下我国行政法律责任制度层面与学术研究中存在的问题之一。这些问题体现为：以行政行为的客观违法作为归责依据，排除了对过错的考量，从而产生客观归责的效果，致使责任构成中的“不法性”要件和“有责性”要件混同，在实践中可能将一些违法但无过错的案件纳入赔偿范围；由于赔偿和补偿在损失填补范围方面并未以过错（可责难性）为标准加以区分，使赔偿实际上仅发挥着补偿的功能；一方面强调行政赔偿和依法行政原则相衔接，发挥行政赔偿对行政机关的监督、控制功能，另一方面又忽视了区分赔偿和补偿其中所蕴藏的“道义非难”因素在监督、控制行政权方面所发挥的作用，由于赔偿和补偿在损失填补方面并无区别，使得赔偿责任仅具有名义上的负面评价效果。综观刑法、民法等部门法，在有关责任研究的问题上，均形成了蔚为可观的理论体系，其中关于归责机制的研究，如刑法学界关于“罪责”的研究、民法学关于归责原则体系化的研究，都有着相当程度的理论拓入，并已形成体系对法律实务产生了深刻的影响。反观我国行政法学在行政法律责任归责机制的研究方面，总体上仍处于对域外理论、制度实践的引介、模仿阶段，但又对其发展脉络、理论基础缺乏系统的梳理与分析。[①] 鉴于此，本章内容试图对行政法律责任的归责机制从理论基础、价值构成等方面作一个系统、全面的阐释与梳理，以期为推动这一领域的理论研究作出贡献。

从法现象的角度看，行政法律责任与任何法律制度一样，均由逻辑、事实和价值三大要素组成，因此，对行政法律责任的诠释可以从上述三个维度分别展开，在特定的"场域"中获得相对确定的认识，进而对其形成完整的认识。本书第二章、第三章关于行政法律责任的形式构造、行政法律责任的规范形式与请求权基础等内容的研究，主要是基于法律要素的逻辑形式和经验层面的研究，尚未充分涉及行政法律责任的价值论层面。实际上，在第四章有关行政赔偿责任和行政补偿责任的论述中，作为两种区分标准的过错判定机制，这已经是一个法律责任调整机制中的价值评价因素。当然，法律中的价值评价是一种规范化的评价，即价值已经被预设在法规范之中、评价过程也受到法规范的严格框定。过错原则和无过错原则这两大归责原则，背后蕴藏各自相对应的深厚的价值内涵，它们试图对这样一些问题作出回答：在法律责任制度中，国家公权力强制介入特定的法律关系为被侵犯之权利提供救济的正当性、合理性是什么？在各种法律责任制度的设置中，竞相争取保护的各种利益应当如何取舍？如果离开了价值分析方法的帮助，我们无法达到对行政法律责任概念最为彻底的、最终的理解。本章尝试在一个规范主义价值分析的进路上，对行政法律责任的价值因素及其内在机理作

① 这种状况在很大程度是由于理论研究得不到法律实践的"反哺"造成。由于制度和观念等方面的原因，我国当下的行政法律责任制度在实践层面仍处于初创发展阶段，域外发达的理论与实践经验在我国当下缺乏适用的空间。这对于法学这样一门以法解释学、法教义学为核心，以法律实践为支撑的学科之发展是相当不利的。

出较为完整和深入的分析,从而与本书前述部分关于行政法律责任的逻辑形式结构分析相呼应,形成对行政法律责任规范完整的诠释。

哲学家文德尔班指出,价值是人们对客观事物的评价,源于评价者与评价对象的关系,还源于评价主体所持的态度和标准。[①] 文德尔班的观点向我们阐明了认识法律责任价值的基本思路:首先,人们应当基于何种理由对自己的违法行为承担法律责任?这是任何一个法律责任制度所无法回避的根本问题,它体现了作为主体的人对作为客体的社会事实的某种评价。这一过程中的评价机制正是法律责任概念中的价值因素所在。它为法律责任制度提供了正当性的根据。其次,文德尔班还阐明了法律责任的价值根源问题——评价者所持的评价态度或评价标准。这个评价态度或评价标准包含了道德因素和社会因素,它指向评价依据的来源问题。在法律责任理论中,有关评价标准的来源被称为"责任的根据",是关于法律责任性质的本原性思考,但这种评价又不是纯粹的道德评价或社会评价,而是法律的规范评价,评价结果必须具有较高的稳定性和准确性。因此,除了"责任的根据"以外,还必须考虑责任中价值评价标准客观化问题,这就是法律责任机制中归责原则的功能。

概言之,"责任的根据"与"归责"是法律责任概念中的价值要素,两者构成了整体意义上的归责机制。"责任的根据"是对法律责任本体价值的思考。以理性哲学为基础的"道义责任论"、以经验哲学为基础的"社会责任论"为现代法律责任提供了双元的价值基础。在传统意义上,行政法律责任作为公法上的侵权法,其特殊之处在

① 参见[德]文德尔班:《哲学史教程》(下),罗达仁译,商务印书馆 1993 年版,第四十六节"价值问题"。

于侵权主体乃是公权力机关,在根本的价值基础上与民事侵权责任并无二致,因此,“道义责任论”和“社会责任论”仍属于行政法律责任的基础价值。而“归责”则是法律责任中的规范评价机制,即运用规范技术将作为评价标准的道德因素、社会因素予以客观化,从而使遭受侵害的权利或法益与造成侵害的原因相结合、进而将负担归属于特定的责任人。行政法律责任中的归责机制与民事侵权责任基本一致。“责任的根据”与“归责”解决了法律责任的价值本体与价值评价客观化之问题。

第一节　归责机制的理论意涵:关于法律责任的本体论认识

有关行政法律责任的形式构造、行政法律责任的规范类型的研究,实际上指向行政法律责任的外在的、规范层面的表现形式,那么在本体论(ontology)的意义上行政法律责任的本真到底是什么?所谓本体论,是关于一切实在的最终本性的学说。尽管在现代西方哲学中,一些流派(实证主义、分析哲学、科学哲学等)反对任何形而上学和本体论,但随着现代科技的发展,本体论在人工智能、计算机语言以及数据库理论中起到越来越重要的作用。它原本指向研究存在的本质的哲学问题,在新兴行业中,本体论是对概念化的精确描述,用于描述事物的本质。在现实中,本体论是对特定学科领域核心概念的阐释和说明,其核心聚焦于某一领域内专业词汇或核心理念之间的关系,从而有利于形成专业领域内的共识,形成专业内部的所谓“本质认识”,以提高知识的搜索、积累和共享之效率,避免各说各话而引起的无谓纷争。就此意义而言,关于行政法律责任的本体论认识是十分有意义的，中国行政法学界关于责任问题的认识，之所以无法融入国际法学界的语境，在很大程度上可以归结于对这一领域的相关学术脉络以及学术共识的忽视，即对这一领域专业内部的“本质认识”的忽略。

关于法律责任的本体论认识，新分析实证主义法学家哈特的研究被学界所广泛认可。为了求得对法律责任概念更为精确的认识，哈特区分了两种不同的法律责任：一个人在法律上应否因其某一行为受到惩罚，这个问题是关于法律责任的全部要件是否已经具备的问题；他在法律上应否对其行为负责通常只与这样的问题有关，即在一系列要件中，某一要件（人们经常问起的精神要件）是否具备。正是在特定意义上，哈特将（刑事）责任主要归结为主观罪过。① 这种认识与大陆法系刑法理论中主要将责任作为犯罪构成的一个要件——有责性加以把握的观点相吻合。② 在这种意义上的刑事责任，既是作为犯罪构成要素的主观心理状态，也是刑罚发动所应具有的正当性的载体或中介——在价值论的意义上，后者实际上已经触及对刑事法律责任本原的认识，即责任乃是“行为者在道义上或社会上可非难之心理状态支配下，而实施适合于刑法上犯罪构成要件之行为时所应受道义的或社会的非难……故责任并非指单纯的心理状态，而系意味着其心理在社会上或道义上可加以非难之性质”③，此种关于责任的性质认定，将焦点置于“可非难性”，刑事责任的重心在于制裁犯罪行为，故将“可非难性”的对象指向心理状态（主观恶性），而民事、行政责任的重心在于损失填补，故其将“可非

① 参见陈兴良：《本体刑法学》，商务印书馆 2001 年版，第 298 页。

② 参见陈兴良：《本体刑法学》，商务印书馆 2001 年版，第 301 页。

③ 洪增福：《刑事责任之理论》，台北，台湾刑事法杂志社 1988 年版。转引自张智辉：《刑事责任通论》，警官教育出版社 1995 年版，第 68 页。

难性”的对象转向心理状态与客观行为的结合。但无论如何,“可非难性”一定是所有法律责任属性之共同点,“可非难性”为凯尔森意义上的制裁(惩罚或赔偿、补偿)的发动提供了正当性依据,因而称为归责机制的核心要素。而离开这一责任的本质而讨论责任,很容易将在表面上和法律责任机制具有共通性的法律义务调整机制相混淆。我国行政法学界的一些颇具影响力的观点、学说忽视了这一点。因此,这种关于法律责任本质的认识,可贯通于整个法学领域,有助于各部门法学在责任的研究中聚焦观点而达成共识。①

以“可非难性”作为法律责任的本质特征,那么,行政法律责任作为一种立基于特定的道义基础、社会基础之上的规范评价机制,就可以很明确地将行政责任界定为:行政主体因其公权力行为侵犯权利的事实发生以后,应依何种根据使遭受侵犯之权利,与行政主体结合,从而为遭受侵犯之权利提供救济。这一定义中的“根据”是指法律上的价值评价依据,即法律对行政主体实施行为的“意图”或行为本身的否定评价,根据评价依据的不同,这种否定性评价可以是“道义非难”,也可以是“社会非难”。在此意义上,行政法律责任的本体含义即“非难”、“非难可能性”或“有责性”。正是在这种本体论、价值论的基础上,大陆法系刑法学之通说将刑事法律责任的本质定位于“罪责”,而其民法、行政法也将责任的重心放在“归责”这一环节。基于此,我们才可以正确解读大陆法系学者所称,即“民事责任是联结民事权利与国家公权力之中介”“民事责任使民事权利具有法律上之力”的真实、完整的含义。②

---

① 陈兴良教授也持这种观点,参见陈兴良:《本体刑法学》,商务印书馆 2001 年版,第 298 页。

② 参见梁慧星:《民法学说判例与立法研究》,中国政法大学出版社 1993 年版,第 253 ~ 254 页。

价值论意义上的法律责任是建立在人的意志自由基础上的，没有意志自由也就无所谓责任。在承认相对意志自由论的前提下，分别以理性哲学、经验哲学为其内核的道义责任论和社会责任论为现代法律责任制度提供了双元的价值构造。法律责任的本体论认识，可从道义责任和社会责任的双向维度中得以诠释。在这两个评价维度下，采用什么样的具体标准作出评价，将法律责任主体与遭受侵害之权利相结合，由此产生客观化的归责技术，这是规范语境中责任评价机制的中枢，它铸造了法律责任制度的独特品格。

有关法律责任、行政法律责任的本体论问题，涉及西方哲学史上的两大流派——理性哲学与经验哲学以意志自由为中心的关于人性假设的争论。以意志自由为中心的，有关人性的本质是理性的抑或是经验的问题，是西方哲学史上理性主义哲学与经验主义哲学的根本分歧，它不仅影响世界观与方法论，而且是一切科学，包括法学的理论根基。正如休谟所言，“一切科学对于人性总是或多或少地有些关系，任何科学不论似乎与人性离得多远，它们总是会通过这样或那样的途径回到人性”①。考察人类法律的发展史，法律责任制度的发展与变迁，均反映出理性主义哲学与经验主义哲学的盛衰起落，法律责任制度的设置与存在，其合理性基础均以特定人性假设为出发点，最终又可以落实到哲学上关于意志是否自由的问题。这种争论不仅为近现代人文社会科学提供了源源不断的智识上的贡献，而且铸造出现代法律责任制度特有的品格。为了尝试对法律责任、行政法律责任进行一种追本溯源式的认识，以下内容将从法律责任理论根基的梳理着手，进而展开对行政法律责任价值本体的讨论。

---

① ［英］休谟：《人性论》，关文运译，商务印书馆1997年版，第6页。

第二节　行政法律责任归责机制的哲学脉络

一、理性主义与意志自由论

1.理性主义哲学关于理性人的假设

所谓理性，是指人的判断和辨别真假的能力或人的思维能力。而理性人，是指对人性的理性假设，是理性主义哲学的人性观。这种人性观把人的本质归结于理性，人之所以异于禽兽，就在于人的理性禀赋；只有从理性出发，人才能获得正确的知识，理性是人类知识的唯一来源；理性决定了人之为人和人的价值，人性中虽然有非理性的因素，但理性可以完全消解与非理性的对立，从而使人的存在建立在理性的基础之上。理性主义哲学从它诞生时起，便提升了人类精神的境界，它标志着人类主体意识的产生与发展。

追溯理性主义哲学的源流，第一次明确提出人的本质是理性的观点的当属古希腊哲学家亚里士多德。亚里士多德在扬弃苏格拉底的知识人性现和柏拉图的人性三分论的基础上①指出："人的功能，绝不是生命。我们所求解的乃是人特有的功能……人的特殊功能是根据理性原则而有理性的生活。"在此意义上，人是有理性的动物，人的本质在于理性。在亚里士多德之后的古希腊哲学中，斯多葛学派进一步阐述了人的理性本质，进而将这种理性自然化，认为理性的生活是依照自然的生活。理性哲学通过罗马时代的历史变迁，发生了宗教化的转向，形成了中世纪的宗教理性。以禁欲主义

① 参见［美］梯利：《西方哲学史》，葛力译，商务印书馆1995年版，第二章。

为中心内容的宗教理性最终导致了人本主义理性的诞生,以意大利人文主义和德国宗教改革为代表的人本主义理性以解放人性为执着追求,以知识理性为改善人性的信念,鞭挞崇敬神学的蒙昧主义,讴歌生命的自然本性,从而导致了人类理性思想从宗教理性迈向人本理性,促进了近代资本主义精神的生成。[①] 十七八世纪的启蒙运动把欧洲推向了一个理性主义盛行的时代,理性主义对当时的社会制度及其一切意识形态都进行了反思。理性人的假设成为当时一切科学或知识体系的人性假设。近代理性主义哲学的始祖法国人笛卡尔的思想最具有代表性,笛卡尔认为,理性是人的天赋,所谓理性,就是人的判断和辨别真假的能力,即思维能力,故思维即是人的理性。从人的本质是思维理性这一前提出发,笛卡尔确立了普遍怀疑原则及"我思故我在"的哲学主体至上原则。"我思故我在"这一思维实体的确立,使哲学史上人的主体性及其存在被提到了空前的高度。笛卡尔的唯理主义经过斯宾诺莎的知德统一论,边路的理性功利主义的传承与发展,至18世纪德国,人类理性精神被哲学家康德发展到理性主义的顶峰。黑格尔则在康德理性主义思想的基础上,将人类理性推向极端——上升为宇宙本体精神,成为理性主义思想集大成者。

在康德看来,人是一个有理性的存在者,只有理性才能决定人之存在和人的道德价值。一切道德概念都完全先天地寓于理性,源于理性,理性有着作为目的本身的价值。[②] 人的意志之所以是自由的,就在于他是理性的。人之所以有道德,是因为理性会给自己、给

① 参见[德]马克斯·韦伯:《新教伦理与资本主义精神》,黄晓京、彭强译,四川人民出版社1986年版,第二章。

② 参见[英]罗素:《西方哲学史》(下册),马元德译,商务印书馆2001年版,第253页。

人类立下行为准则,使人不会顺从感情和欲望的支配,使人在本质上和动物相区别。在这一点上,康德和亚里士多德一脉相承,将人的本性定位于理性的动物或理性的存在。康德认为,人类的道德原则,不能从人的本质以外的外部经验世界、上帝的意志,或者是社会法则和权威中寻找,而必须建立在人的理性的善良意志的基础上。在康德的体系中,意志就是理性的实践能力,就是实践的理性。意志是康德伦理学的出发点,作为出发点的意志,是具有普遍性的善良意志,善良意志来自人的理性本身。从善良意志中引申出的具有普遍必然性的道德法则就是绝对命令。而作为道德法则即实践理性的基本原则的绝对命令只有一个,“不论做什么,总应该做到使你的意志所遵循的准则永远同时能够成为一条普遍的立法原则”[①]。康德把统一的世界区分为现象和自在之物两个不同的领域,两者之间存在着不可逾越的鸿沟。现象界是属性的世界,即包括人的自然存在在内的自然世界,这个世界由人们通过感官来感知,通行自然因果律,即每一个在时间中发生的事件都是有其原因的,每一个原因都预先假定有另一个原因。因此,不可能存在一个绝对的、自己没有原因的、自发的原因,也就不存在绝对自由的原因。而自在之物是超感性的本体世界,是人的理性存在,这个世界要通过人的理性去思考和揣度,这里通行的是自由因果律。善良意志和绝对命令是理性世界的核心。因此,康德是一个二元论者。

黑格尔的哲学体系克服了康德的二元论,但继承了康德关于意志自由的学说,并把它推至极端。黑格尔认为,理性是世界的灵魂,理性居住在世界中,理性是世界内在的、固有的深邃的本性。由于理性是宇宙的主宰、宇宙的实体,理性是万物的无限内容,是万物的

① [德]康德:《实践理性批判》,韩水法译,商务印书馆1999年版,第30页。

精华和真相。整个宇宙,包括人类历史和精神,都遵循一种理性秩序运行发展。于是,黑格尔在此基础上提出了绝对理性的概念,在黑格尔看来,他的哲学作为认识绝对存在的最高认识,能以概念直接规定,从具体理念出发,从而在人的理性高级形式中,把握精神与自然或思维与存在同一的绝对存在,即绝对理念。因此,整个宇宙是绝对理念自我运动的辩证发展过程,物质世界是绝对理念异化的外在形式。黑格尔的客观唯心主义哲学把人类理性哲学发展到了巅峰状态。

康德的理性伦理学和黑格尔的客观唯心主义哲学体系对近代西方政治理论、法哲学产生了决定性的影响。既然"善良意志和绝对命令是理性世界的核心""理性是宇宙的主宰""理性万物的无限内容",那么,人的本质自然可以归结于理性,理性主义哲学之理性人的假设,不仅仅是一个有关人的本性的理解,它还涉及认识世界的方法论。理性主义的人性观及其方法论,在近代人文、社会科学中产生了极其深刻的影响,并渗透各个知识领域。十七八世纪是一个理性的时代,近代政治理性主义对人类社会政治制度的构建产生了深远的影响,它的出发点是政治人(homo politicus)的假设,政治人在本质上是理性人,它假设任何参加选择的选民都是理性选民,其投票行为都是理性投票行为,即是对其所认识到(或期待)的好处最大化的选择,因此,政治理性主义认为人类的政治活动主要是自觉自为的政治历史活动。在经济领域,古典经济学派假设的经济人(homo economicus)也是理性人。古典经济学的代表人物亚当·斯密认为,人的理性本质决定了追求个人经济利益的最大化是人类一切活动的根本,是人的本能要求。经济人的这种利己本能形成一种不可抗拒的自然的经济力量,是无法加以限制的,因而古典经济学主张在经济上自由放任,反对国家干预,主张用市场机制自发调节社会经济。[①] 在法律领域,以康德、黑格尔的学说为核心的理性主义为近代刑法、民法理论提供了核心理论基础。在法律责任制度中,大陆法系侵权法中的"良家父"(bonus)以及英美法系侵权法中的"合理人"(reasonable men)的假设,本质上都是抽象理性人的假设:假定每个人在行为处世时,都应像"良家父"那样谨慎、勤勉,未尽谨慎、勤勉之人所应尽的义务即为过失,从而确立了侵权行为法的归责标准。

2. 意志自由论

综观理性主义哲学的历史,从其原始形态的古希腊哲学到巅峰时期的黑格尔哲学,每一位哲学家的学说都无法离开这样一个命题,即承认人的意志自由的存在。正如康德所言,意志是理性的实践能力。主张理性是人的本质所在,主张理性就必须承认意志自由,否则,作为人的判断和思维能力的理性就毫无意义。而意志自由是指人的意志所具有的选择能力、能动性和自主性(自我决定的能力),意志自由是理性(思维和判断能力)的具体表象。理性人的假设,须以意志自由论为前提。毋庸置疑,意志自由首先是一个哲学问题,但它与法又有着十分密切的联系,正如恩格斯所言:如果不谈所谓自由意志、人的责任、必然和自由的关系等问题,就不能很好地讨论道德和法的问题。[②] 有关意志自由的问题,可以说是近现代刑法、民法、行政法理论乃至法律责任的一个前提性根据。

关于人的意志自由,在哲学上可以从两个不同的角度进行认识,即存在论意义上的意志自由和价值论意义上的意志自由。理性主义哲学尽管承认意志自由,但各派观点对意志自由认识角度不尽

---

① 参见陈兴良:《刑法的人性基础》,中国方正出版社1996年版,第18~19页。

② 参见《马克思恩格斯选集》(第3卷),人民出版社1972年版,第152~153页。

一致,从而形成了蔚为可观的各种理论体系。亚里士多德首先从伦理评价的角度来区分自愿行为与非自愿行为,区分自愿行为与非自愿行为的标准是有知与无知、选择与强制。自愿行为是指有知行为、普遍的无知行为和选择的行为。一个人应当为自己自愿的行为负责,并因此被称赞或被指责。在行为选择的自愿问题上,亚里士多德着重说明恶与善的选择。亚里士多德认为,一个人道德上确定什么目的,选择什么手段,如何选择自己的性格和品德,都是由自己决定的。一个人不培养美德习惯而做出恶行并受到谴责,那是理所当然的。[①] 由此可见,亚里士多德关于人的责任根据(道德上的责任)的论述,表明他是在价值论意义上主张意志自由的。由此,我们发现了近代法律责任理论中道义责任论的渊源。

近代哲学的开创者勒奈·笛卡尔是一个典型的二元论者,他把精神与肉体对立起来,认为肉体是被动的机器,精神则是主动而自由的。作为精神的属性,人的意志自由是不言而喻的。笛卡尔认为人的意志自由能力是天赋的,凭着这种自由意志,人可以不同意可疑的事物,因而避免错误。正如笛卡尔指出:我们称为良知或理性的那种东西,是天然地均等的。笛卡尔把人的意志看作是一种高度完美的品质,并且人是凭自由意志而自由行动的,他应该对行为后果负责任,所以,人的行为就应该受到赞美或惩罚。笛卡尔把精神世界看作天赋的本体存在,他似乎是在存在论的意义上讨论意志自由,他同时又受到中世纪经验哲学的影响,认为人的意志自由最终还是要受到必然的限制,是在必然限制内的意志自由,而所谓的必然,在笛卡尔看来是指上帝。但在物质世界的全部理论中,笛卡尔是一个严格的决定论者,他认为物质的一切运动由物理规律决定。

---

① 参见[英]罗素:《西方哲学史》(上册),马元德译,商务印书馆2001年版,第224页。

因此,笛卡尔的哲学体系暴露出难以调和的自相矛盾,但是,这却使他的理论成为近代哲学史上两个重要而背驰的哲学流派——唯心主义与唯物主义的源泉。①

关于意志自由的探究,到德国古典哲学达到顶峰。德国古典哲学的创始人康德在他的巨著《实践理性批判》中,使发轫于古代亚里士多德时代、一直在哲学史上争论不休的意志自由学说达到了一个近乎完善的状态。在康德看来,人作为感性的存在者,有感觉的欲望,是自然界的一部分,摆脱不了自然界的控制,因而是不自由的。但是,人作为一个理性存在者,可以完全独立于一切感性条件之外,因而有绝对的意志自由。因此,人能够为自己立法并执法,即具有意志自律性,所以应对自己的行为负责。而所谓的意志自律性,实质上就是意志自由。康德认为,一切有理性的人的意志都是自由的,它不受感性世界因果性的支配,而是意志自己遵守自己所规定的规律,因此理性必须承认它自己是完全不受任何外力操纵的。所以,理性,无论是实践理性,或是有理性者的意志,一定要以为它自己是自由的。只有在自己有意识的活动中,那种选择行为才能被称为自由。康德基于意志决定论的观点进而指出,人的意志是不受必然决定的,否则,一切道德、法律便毫无意义,因为责备一件不道德的行为就等于责备一块石头为何落地伤人一样,如果这样,那任何犯罪的人都可以用他的行为受客观原因支配来为自己辩护,一切不道德行为或犯罪都是由环境、条件、个性、习惯所必然决定,自己并无责任,那么一切刑罚责难便没有必要存在了。②

① 参见[英]罗素:《西方哲学史》(下册),马元德译,商务印书馆2001年版,第79~92页。

② 参见[德]康德:《法的形而上学原理——权利的科学》,沈叔平译,商务印书馆1991年版,第29页。

黑格尔继承了康德的意志自由学说，并克服了康德的二元论，把意志自由与必然统一于"绝对理念"。黑格尔指出，意志作为主观的或道德的意志表现于外时，就是行为。主观意志乃是道德的意志，在道德的观点上，意志是自由的，是自为地无限的。意志和自由两者是紧密联系不可须臾分开的东西，正如重量和物体不可分开，意志自由的原因在于"绝对理念"的本性过程和目的。因此，黑格尔在实在存在论意义上肯定人的意志自由。

康德和黑格尔的意志自由论为近代民法、刑法奠定了哲学基础。刑事古典学派所确立的道义责任论、侵权责任中的主观过错原则以及债法的"绝对契约自由"理念的盛行都无法离开意志自由学说的理论支撑。正如黑格尔在其巨著《法哲学原理》中所言："法的基地一般来说是精神的东西，它的确定的地位和出发点是意志。意志是自由的，所以，自由就构成法的实体和规定性。"①个人的意志自由乃是近现代法学理论的基石，"人应对自己的行为负责"这一命题显然是建立在意志自由的前提上的，因此，个人主义、意志自由哲学为法律责任提供了理论基础。

二、经验主义与行为决定论

1. 休谟、孔德的哲学观念与经验人的假设

所谓经验，在哲学上一般是指处于主体地位的人的感觉，它是和思维相对应的一个概念。经验人是对人性的经验假设，是经验主义哲学的人性观。这种观点认为，人的本质在于经验而不在于理性，感觉是唯一可靠的认识源泉和标准，一切知识都产生于感觉，人对客体世界认识的根本手段是观察与实验，所谓人的理性思维和想

① ［德］黑格尔：《法哲学原理》，范扬、张启泰译，商务印书馆1997年版，第10页。

象力并不能建立起真正的科学，它们不仅是空想的，而且是无用的。在知识来源的问题上，经验主义与理性主义形成根本的对立。

休谟是经验主义哲学流派中的里程碑式的人物，他在《人性论》一书中极度地怀疑和贬低理性，他说，任何理性哲学的体系，由于缺乏证据，因而基础是脆弱的，并为哲学本身带来了耻辱。[①] 他认为，在人的感觉之外，没有任何物质实体和精神实体的存在，人的认识不能超出主观感觉的范围，世界上存在的只有睡觉和知觉，除此以外的一切都不可知。任何物象都不能借它所呈现于感官前的各种性质，把产生它的原因揭露出来，或把它所产生的结果揭露出来。理性如果不借助于经验，则无法推得任何关于真正存在的结论。根据休谟的学说，尽管我们确实得到了无数的信念，但任何信念只能通过感觉和知觉的方式获得，而不能运用推理或理性的方式得到，从而在根本上否定了人是独立而有理性的行为者的传统理性主义哲学的观念。

法国哲学家孔德的实证主义哲学则向理性哲学发起了空前挑战。孔德把观察和实验作为人们探究一切事物和现象的根本手段。人们通过观察所获得的感性经验是认识的来源，孔德把直觉置于一个异乎寻常的重要地位，抑制理性思维和想象力的作用，主张人们的认识只能就现象论现象，而不能超出这个限度去作什么精细的评价，如果试图说明存在的内在性质，所有事物的起源与目的、所有现象的本质与发现形式等，那就不仅是空想的无用的，甚至危及真正科学的一切基础。实证主义作为一种科学的态度，它反对先验的思辨，并力图将其自身限定在经验材料的范围之内。它反对玄虚的精神，并把学术工作限制在分析“给定事实”的范围之内。

---

① 参见［英］休谟：《人性论》，关文运译，商务印书馆 1997 年版，“引论”第 1 页。

由于贬抑甚至否认理性的作用,认为感觉和经验才是人类认知的唯一正确途径,经验主义哲学将人性归结于经验。19 世纪以来,随着理性主义的式微,经验的人性观在西方文明中逐渐盛行,经验主义哲学大行其道,逐渐成为现代西方哲学的主流。经验人的假设摒弃抽象的人性,将人性奠基于社会现实的基础之上,突出人作为主体的个别性和不可重复性,否认人的认识的先验性,在近现代西方的政治学、社会学、法学等领域产生了不可低估的影响。与政治理性主义相对立的政治经验主义对人类民主政治产生了比前者更为深远的影响,英美民主理论是经验主义民主的典范,这种理论持消极的政治观,认为人性的作用是极其有限而不可靠的,所以权力在人手中,就难免被用来作恶,哪里有人,哪里就会有恶,政治不是实现最优的艺术,而是防恶的艺术,宪制的设置在于追求"所有的行动路线中选择最小之恶"①。在经济学领域,古典经济学的理性人的假设也受到了经验人假设的严重挑战。经济学研究中理性主义一统天下的格局被打破。自 19 世纪下半叶起,具有浓厚经验主义色彩的实证主义开始渗透到包括法律科学在内的社会科学的各个分支学科。法律实证主义大体上和实证主义一样都反对形而上学的思辨方法和寻求终极原理的做法,主张将价值考虑排除在法学理论的研究范围之外,并将其任务限定在分析和剖析实在法律制度的范围之内。② 法律实证主义的一大分支——分析实证主义法学的兴起使得法律学作为一门独立的学科具备了独特的研究方法。以"经验人"的假设为基础的法律责任理论——社会责任论——亦应运而

① 刘军宁:《保守主义》,中国社会科学出版社 1998 年版,第 86~87 页。

② 参见[美]E. 博登海默:《法理学法律哲学与法律方法》,邓正来译,中国政法大学出版社 1999 年版,第 114~116 页。

生,为法律责任理论注入了新的内容。

2. 行为决定论

由于经验主义哲学极端地强调人的感觉与经验的作用,故从主体界和现象界的关系方面否认人作为本体存在具有意志自由的属性。因此,经验主义哲学主张存在论意义上的行为决定论,即人的本质是被决定的,任何一个人都生活在社会之中,人的行为受各种社会的、自然的因素的制约与影响,人的每一个行为都是不可避免的,因为自然和环境条件预先决定了它。以行为决定论为基础的人性观是经验人的假设。如果承认人的行为都是被自然、社会所决定的,那么在人的本质的问题上,则必然得出人存在的意义在于感觉和经验,感觉和经验是人认识世界、获得知识唯一途径的结论。

经验主义的行为决定论往往从否认人的意志自由出发,认为意志自由只不过是哲学家的虚构,自由意志的幻想来自人的内在意识,它的产生完全是由于人们不认识在作出决定时反映在人心理上的各种动机以及各种内部和外部的条件——这些内部和外部的条件由人所处的外在环境决定,并最终决定人的行为。在此基础上,经验主义的行为决定论进而强调在社会科学领域实证主义研究方法的运用,提出从生理、心理、环境、气候、社会等各方面探讨人的行为的原因。在法学领域,19 世纪崛起的刑事人类学在彻底否定意志自由论的基础上,首次运用行为决定论的观点来解释犯罪,其代表人物龙勃罗梭认为:人的行为是受遗传、种族等先天因素制约的,是命中注定的。龙勃罗梭将遗传视为犯罪的唯一原因。后续的刑事实证学派将龙勃罗梭的犯罪原因即生物一元论发展成了包含生物、自然、社会原因的多元论。刑事社会学派的代表人物李斯特认为个人的生理因素固然对犯罪有着重要影响,但诸如失业、酗酒、吸毒、娼妓等社会因素却对人的行为起着决定性的作用。[①] 刑事人类学派和刑事社会学派寻求实证的科学方法探究人的行为的原因,因而可称为刑事实证学派。由于刑事实证学派认为犯罪是由不以个人意志为转移的客观原因造成,因此,刑事责任不再具有正义惩罚的性质,而是一种社会防卫的手段,即用刑罚来保卫社会、防卫人们的权益免受不法侵害,从而发展出"社会责任论",这一理论的确立使现代刑事法律责任的两大基础——"道义责任论"和"社会责任论"最终得以形成;在刑罚问题上,刑事实证学派基于经验人的假设,从行为决定论出发,揭示刑罚作用的有限性,转而寻找立足于矫正与预防的刑罚替代物。在刑事立法上则完全否定一般预防理论而主张刑罚的个别预防作用。[②] 在民法、行政法中,以经验主义的行为决定论为基础的"社会责任论"认为:归责的基础完全独立于自由意志之外,在于实现社会的一般安全利益,因为人(或组织体)的内在意志欠缺故与其外在行为之间的联系是无法判断的,所谓的过错,只能是行为的过错,而不是主观过错,即行为因对社会的一般安全利益构成侵害而具有危害性。代表经验主义的实证主义法哲学、社会学法哲学兴起的结果是客观过错责任、无过错责任、公平责任的产生,从而导致了归责原则的多元化。

三、相对意志自由论:理性和经验的统一

理性主义哲学和经验主义哲学基于不同的人性假设,对意志自由做了截然不同的解答。理性人的假设并不否认人性中的非理性因素,但主张理性可以将其消解,其认为人性建立在理性原则的基

---

① 参见甘雨沛、何鹏:《外国刑法学》(上),北京大学出版社 1996 年版,第 119 页。

② 参见陈兴良:《本体刑法学》,商务印书馆 2001 年版,第 384 ~ 387 页。

础之上，从而得出"意志自由论"的哲学命题；经验人的假设否认人的认识的先验性，认为知识源于感觉和经验，人的个体性及个体认识之间存在本质差异，其认为人的存在是被自然和社会决定的，在现象界面前，人并无自由意志可言，人的一切行为均能在客体环境中找到原因，从而推导出"行为决定论"。"意志自由论"与"行为决定论"是理性主义与经验主义对立的核心，这种对立表现在各个知识领域。如政治学中的经验主义民主与理性主义民主的对立。在法律责任理论中，建立在"意志自由论"这一哲学根基之上的责任根据理论是"道义责任论"，而"行为决定论"则决定了另一个法律责任根据理论——"社会责任论"的产生。"意志自由论"和"行为决定论"是从不同视角出发，对人性作出不同的理解与诠释的必然结果。应当说，在一定的范围内，两种理论均有其合理性。"意志自由论"强调作为主体的人在客体存在面前理性的能动性，人在必然性面前之所以是自由的，因为人具有意志自由；自由是意志的属性，自由的本质是人的理性的选择能力，这决定了人的自主性。自主性意味着自我决定，人在本质上是不受外界力量绝对支配的，并不是外部事物及其力量的奴仆，不是受外界力量任意摆布的、无所作为的木偶；人是周围世界以及自身的主体，在人和周围事物的关系中，是人支配物而不是物支配人，人对外界对象和自己的行为有着自主的选择性和评价性，人是可以自己主宰自己，自己支配自己的生活主人。"意志自由论"可以很好地解释法律责任理论中的"过错"，因为人具有意志自由，即理性的选择能力，任何违法或犯罪行为都是人的意志自由选择的结果，这种选择从道德的角度看，行为人的意志是具有过错的，具有道义上的可谴责性，因而具有可归责性，于是产生了"道义责任论"。

"行为决定论"从存在论的意义上强调自然、社会对人的行为的决定性。自然对人的存在具有先在性，人作为自然的、肉体的、感性的、对象性的存在，是受动的、受制约的、受限性的存在，也就是说，人的欲望的对象是不依赖于他而存在于他之外的。① 另外，人还是社会的存在物，受到社会的制约。社会对人的决定性反映的是人与环境的关系，即环境客体存在的逻理最根本地制约人的本质力量的形式和现实的人的活动的性质。因此，将人置于主体与客体的关系中看待，最根本的是自然、社会对人的行为的决定作用，人并无意志自由可言。"行为决定论"反映在法律关系理论中，产生了所谓的"社会责任论"。因为人并无意志自由可言，人的违法、犯罪行为是被自然、社会条件界定的，是必然的。于是，"社会责任论"将其归责的基础置于社会非难之上。违法、犯罪行为因对"社会的一般安全利益"构成侵害，因而具有可归责性。

但是，两种理论都有其自身不可克服的局限性。"意志自由论"极度地夸大理性的作用，主张人的意志可以超越自然、超越社会，根本不受后者的限制与决定，从而成为唯意志论。行为决定论强调绝对的必然性，既然每一事物都是被引起的，被因果律所决定的，那么，人的行为原因最终也将消失在人和人的控制之外，从而走向宿命论。美国学者西蒙的研究成果为人们提供了一个关于理性的较为公允的认识。西蒙认为，人的理性能力是极其有限的，对理性的限制主要来自以下两个方面：(1)知识的不完备性。一个人对自己的行动条件的了解，从来都只能是零散的；至于使他得以从对当前状况的了解去预测未来后果的法则和规律，他也是所知甚微。(2)困难预见能力有限。人对想象后果中的变动着的价值因素，进行追踪的能力具有有限性，等等。西蒙的研究充分考虑了人所处环

① 参见陈兴良：《刑法的人性基础》，中国方正出版社1996年版，第231页。

境的复杂性和变动性。对人的理性作出了较为客观的评价。事实上,人不仅具有理性,而且具有非理性的因素,例如,激情、冲动等反映动物本能的内容,人的理性并不能完全消解非理性因素。正如英国哲学家罗素所言:人类的一切活动都产生于两个来源——冲动和愿望,冲动是人类本性中偏重本能的部分,本能是人与动物共有的生存和发展的需要;而愿望是有意识的,它与人的理智相联系,表现为对一定的目的的追求。① 因此,人性是理性与非理性的组合,介于个人与社会之间。从主体与客体的关系看,人的理性受到来自客体世界的自然与社会条件的强大制约;从人作为主体自身的内在机制观察,正是人性中理性因素与非理性因素的有机交融和随意组合,才决定了人的生命内容和社会生活的无限丰富性。无限地夸大理性的作用,必然导致荒谬。较为合理的理性观不应是绝对的与无限的理性,而应该是相对与有限的理性。著名的自由主义思想家哈耶克指出:个人理性在理解它自身运作的能力方面有着一种逻辑上的局限,这是因为它永远无法离开它自身而检视它自身的运作;另外,个人理性在认识社会生活的作用方面也存在极大的限制,它无法脱离生成和发展它的传统和社会而达致这样一种地位,即能够审视它们并对它们做出评价的地位。② 那种将理性视作一种绝对之物,认为理性具有至上地位的唯理主义观点乃是一种"致命的自负"。③

既然人的理性是有限的,人性中理性与非理性因素并存,理性

---

① 参见[英]罗素:《伦理学和政治学中的人类社会》,肖巍译,中国社会科学出版社1992年版,第30页。

② 参见[英]弗里德利希·冯·哈耶克:《自由秩序原理》(上册),邓正来译,生活·读书·新知三联书店1997年版,第12~15页。

③ 参见[英]弗里德利希·冯·哈耶克:《致命的自负》,刘锋等译,东方出版社1991年版,第71页。

并不能无条件地、绝对地消解非理性,那么,作为实践理性的个人意志是否具有绝对的自由呢?从本体论的角度看,意志自由是指意志是否存在原因的问题:如果意志是有原因的、被决定的,那么意志是不自由的;如果意志是没有原因的,那么意志就是自由的。本体论意义上的自由是与必然相对的,即凡是受因果关系制约的一切都是必然的,都是不自由的。马克思主义的唯物决定论认为,存在对人以及对人的意志的决定作用表现为三个方面:自然、社会和历史对人的决定性。[①] 至于本体论上的意志与存在的关系,马克思主义的唯物决定论为人们提供了哲学史上最具说服力的学说。意志作为人的属性,从本质上来说,受到自然之存在、社会之存在和历史之存在的决定,那么,本体论上的意志自由是不存在的。但是,存在对意志的决定,并不意味着一方否定对方,存在对意志的决定意味着一种制约。所谓制约,是指在确认对方都存在且不能相归结的前提下对双方之间关系的规定。[②] 唯物决定论不是机械决定论。马克思主义哲学在承认存在决定意志的前提下,区别物质的必然性和精神的必然性,精神的必然性作为存在的属性之一,是指人的精神活动和社会活动的规律性。这种必然性与作为客观必然性的物质必然性不同,是一种相对的必然性,相对的必然性承认偶然性,承认自由的存在。人作为自然存在物,在精神活动领域,并不是机械地被决定的,而是具有相对意志自由的。辩证的唯物决定论主张相对的意志自由,它为人们认识意志与存在的关系,主体与客体的关系提供了一个坚实的基础。在这个基础上,人们可以从各个维度展开关于意

① 《马克思恩格斯选集》(第3卷),人民出版社1972年版,第517~518、603页。

② 参见王南湜:《人类活动论导引》,南开大学出版社1993年版,第35页。转引自陈兴良:《刑法的人性基础》,中国方正出版社1996年版,第239页。

志自由的思考与讨论。

从人的本质的角度看,辩证唯物决定论认为人是社会的人,人不可避免地被命运预置在一定的社会关系之中。处在一定社会关系中的人必然受到一定的社会规范的制约,道德与法就是这种社会规范的主要表现形式。这就决定了处在社会中的人,其主观能动性即意志自由并非随心所欲,而是要受一定的道德和法律规范的约束,它作为道德与法的评价对象而存在,而评价正是价值的核心问题之一。道德与法对人的意志自由的评价是一种价值评价。道德与法的共同特征是它们均涉及对人的行为的评价,但正如黑格尔所指出的那样,法的评价与道德的评价不同,法的评价是一种规范评价,立法者通过立法技术的运用,将一定的价值客观化、固定化,形成一种暂时统一的认识,即规范。通过规范评价,从而避免了直接、恣意的价值评价。法的规范作用集中体现在法律责任制度中,人为什么因一定的行为须承担法律责任,当诉诸法律规范时,需要提供的只是事实判断(一定行为的存在),通过法律规范进行转化才能得出价值评价。这种评价机制以行为为对象,但不是所有的行为都适合进行评价。亨利·西季威克指出:一般来说,我们希望这种行为有一个精神或心理的基础,只有当行为是一个有意识的人的表现时,我们才对它进行评价;如果我们得知行动者不能控制自己的行动,即行动并非出自他的意志,或者做出这一行动时他不能用健全的方式推理、感觉和判断,那我们就不能对此进行评判。[①] 人具有理性和意志自由,这是人性中最光辉的一面,使人区别于自然界的其他生物。自由的本质是人在一定条件下选择的能力。人的行为是

---

① 参见[英]亨利·西季威克:《伦理学方法》,廖申白译,中国社会科学出版社 1993 年版,第 56 ~ 57 页。转引自陈兴良:《刑法的人性基础》,中国方正出版社 1996 年版,第 270 页。

受意志支配的,行为是人的选择的结果,即在意志自由情况下实施的行为,对人才是有价值的。在没有意志自由情况下实施的行为(被决定的行为),法律不能进行评价即不能归责于他。因此,法律责任的评价机制通过人的行为最终作用于人的自由意志,人的意志自由通过行为这一媒介最终成为法的评价对象。

在许多情形下,法的价值评价标准源自道德,人的行为是意志选择的后果,法律之所以归责于他,是因为他的自由意志存在某种缺陷,在道义上具有可谴责性,因此,这种法律责任的根据是道义非难,道德性价值为法律责任提供了依据,人们称为"道义责任论"。[①]"道义责任论"源于康德的道义报应主义理论,经过诸多法学家的发展完善,最终成为刑事责任以及民法、行政法上的过错责任的核心理论。

但在某些情形中,法律责任的评价机制并不明确地指向人的自由意志,如民法、行政法中的"无过错责任",它并不要求法律对行为人的意志是否具有缺陷作出具体评价(是否有过错),只要行为导致一定损害后果的产生,即可归责。这种责任形式的评价机制仅针对人的行为,它的一个重要的理论依据是"偏差"理论,"偏差"理论认为,偏差是一种人类固有的神经和智力的缺陷,人的行为发生偏差是不可避免、不可预料的,在偏差的情况下,人们并不具有行为的选择自由,因而不具有道义上的可受非难性,任何人都不可避免地犯

① 康德认为,意志过程中的动机是唯一有道德意义的,只有动机才能成为道德评判行为的依据。参见陈兴良:《刑法哲学》,中国政法大学出版社 2000 年版,第 339 页。但康德的这个理论无法解释过失的过错,如民法上的过失责任,因为过失的心理状态是不存在动机的。后来,道义责任经过法学的发展,被界定为"对那种行为人理应知道不该去做而事实上他却做了的违法行为要进行非难",从而注意区分道义责任中的方向和程度,不再视动机为评价的唯一对象,将过失亦包括在其中。

一些偏差，偏差是“人们对无法预料的事件的一种本能的反应”，偏差引起了不幸的事故，为了减少这种不幸，应该尽可能地对受害人提供赔偿。[①] “偏差”理论的哲学基础是“行为决定论”，即使理性并相当谨慎、注意，行为发生偏差仍然在所难免。正如伏尔泰所言：“我们是犯错误的人，犯错误是人的本性，我们所有的人始终在犯错误。”[②]偏差理论揭示了人性中经验的一面。人的“偏差”是理性不能触及的，由生理的、社会的因素所决定。因此，在“无过错责任”的评价机制中，评价标准不再源于道德价值，偏差行为损害的是社会的一般安全利益。人们只能对“偏差”行为进行社会非难。此种评价标准的本质是某种社会价值，由此产生的是社会责任理论。

但是，即便是在“无过错责任”的社会责任论中，我们也不能主张绝对的行为决定论而完全否定意志自由论，否则，我们便推翻了法律责任理论中的行为能力、责任能力概念。即使是在排除道义非难的社会责任中，行为人承担法律责任的前提条件也是行为人具有行为能力、责任能力。行为能力、责任能力是法律设定的参与某种法律关系的资格，而设定这种资格的标准在于：行为人具有意志能力，它具体表现为不同部门法中对人的年龄、精神状态及意思支配能力的要求。这表明，在“无过错责任”的评价机制中，虽然排除了对意志的评价，但这种评价机制发生作用的前提条件是：行为人具有意志自由。只是在“无过错责任”的情形中，源于社会价值的评价标准使得评价对象仅仅指向行为而非主观意志。因此，意志自由是一切法律责任理论的前提。承认意志自由的存在是我们探究法律

① 参见王利明：《侵权行为法归责原则研究》，中国政法大学出版社 1996 年版，第 141 页。

② [日]小河原诚：《波普批判理性主义》，毕小辉等译，河北教育出版社 2001 年版，第 334 页。

责任的本原的一个先决条件,否则整个法律责任制度将失去赖以存在的根基。因此,通过以上论述,我们可以得出如下结论:

(1)人性中卓然的理性成分使人区别于其他动物成为万物之灵。因而,对于人而言,只有在具备作为理性实践能力的意志下的行为才是有意义的,但理性并不是人性的全部内容,理性的作用是有限的,人作为自然的、社会的、历史的存在,在广袤深邃的宇宙、自然界面前,在错综复杂、瞬息万变的社会历史之中,人的理性是极其渺小的。理性对必然的认识程度还远远未能够使人在强大的客体面前行动自如,在诸多情形中,人的行为仍然处于一种无可奈何地被决定的命运之中。人的认知在很大程度上仍依赖于经验,我们无法忽视人性中经验的成分,人性是理性和经验的组合,只有坚持人性的理性和经验的二重性原理,才能正确地揭示人的本性,击碎“理性万能”“唯意志论”的神话,摆脱“不可知论”和“宿命论”的梦魇,从而确立起相对意志自由论的正确论断,为法律责任的本原性思考确定一个公允的哲学基础。

(2)从本体论的角度看,法律责任的核心在于价值。法律责任的价值评价标准为道义标准和社会标准,由此奠定了现代法律责任理论的二元结构——道义责任论和社会责任论。在道义责任论中,行为人之意志具有道义上的可谴责性是归责的根据,道德价值是道义责任论的核心内容;在社会责任论中,行为具备社会可非难性从而导致归责,社会价值是社会责任论的核心内容,尽管社会责任的评价对象并不最终指向自由意志,但它发生作用的前提是行为人必须具备健全的理性和意志能力。否认意志自由这一前提而主张绝对的社会责任,将使责任沦为简单的社会处置手段,并有可能产生不公正(如追究无行为能力人的过错责任),失去责任制度的原初意义。有关法律责任的本原性问题,主要是一个价值论的问题,因而,法律责任理论中的意志自由,是价值论中的意志自由,它涉及的主要问题是:行为是否受意志的支配。这不同于存在论意义上的意志问题,存在论中的意志仅仅是指与存在相对应的思维,与客体相对应的主体。道义责任是行为受意志支配情形下的责任,在社会责任中,尽管排除了行为是否受意志支配的考虑,但行为人具备意志能力是必不可少的前提,因此,行为对行为人而言仍然是有意义的,具有进行法律评判的价值。

行政法律责任行为是法律责任制度的一种形态,也不能脱离相对意志自由论这一哲学根基,但作为行政法律责任主体的行政主体的意志自由问题,有其特殊性。行政主体是行使一定行政权力的组织体,一般认为,行政主体系公法上的法人,有关行政主体的意志问题,可从法人本质的学说中得以阐释。萨维尼认为法律上权利义务之主体,应以自然人为限,法人作为法律拟制之人,不具有权利能力和行为能力,法人不过是因为它的代表人的行为而取得权利义务,因此法人不具备意志能力。这种理论使得法人和它的代表人之间的法律问题产生了紧张,它将法人和它的代表人的法律地位割裂开来,将代表人视为外在于法人的、具有独立法律地位的主体,从而使代表人制度的设立失去了原初意义。法人实在说理论很好地解决了法人的意志问题,该说认为法人作为一种社会组织存在,具有团体人格和团体意志,与自然人一样,因其发挥社会的作用,有适于具有权利能力之社会价值,法律应授予其独立于构成成员的主体资格,因此,法人具备权利能力。[①] 尽管在宪制的意义上,行政机关被认为是“公意机关”的执行机关,但行政主体作为行使一定行政职权、履行一定社会管理职能的公法上的法人,

---

① 参见史尚宽:《民法总论》,中国政法大学出版社2000年版,第158~159页。

其特有的团体人格和团体意志是不容否定的。现代行政法治原则将行政主体的意志自由限定在裁量权的范围之内，在此范围中，行政主体的意志自由仍然要受到"比例原则""合理性原则"的约束。因此，宪制下的行政主体的意志自由是受到多重限制的意志自由。[①]行政主体的意志能力由其内部的决策机关、对外的表意机关行使。行政主体作为一种社会组织或"法律拟制之人"存在，其"人性"中亦有理性与经验的成分，因而，行政法律责任中的评价机制亦可在承认相对意志自由的前提下，从"社会责任论"和"道义责任论"两个维度展开。

需要指出的是，在实定法中，法律责任的双元价值构造并不是以某种纯粹的、简单的方式表现出来，它们均以复合的、交错的形式存在。任何一种责任的评价机制中均含有道义、社会两方面的价值内容。由于研究的需要，我们暂时将两者相互"剥离"，分别论述。

第三节　行政法律责任归责机制之一：道义责任论

一、道义责任论的一般机理

道义责任论是从康德的道义报应论中引申出来的责任理论。康德把意志自由引进伦理学用以阐明人的道德责任，在他看来，作为理性存在者的人，有意志自由，能够为自己立法并执法，因而具有意志自律性。意志自律性即道德规律，人的意志自由并不能超脱规

① 参见余军：《对作为行政诉讼"通道"的功能性概念的再认识》，载《政法论坛》2005 年第 1 期。

律,而是要服从道德规律的约束。人的意志自由决定了他亦有滥用自由的自由。康德说,一个人与别人相处时必然会滥用他的自由,人拥有一种自由的道德力量,他能够在善与恶之间作出选择,滥用自由的行为表明行为人选择了恶,违反了道德命令,因而具有道德的缺陷或具有道义上的应受非难性。一个人之所以应承担法律责任,乃是因为他违背了意志自由应当遵从的道德法则。康德将道德与法律一元化,认为法律规范是道德命令的复写,他说,法律只考虑"一个人的行为按普遍(道德)法则能否与他人的自由相协调的问题"[①]。法律以强制手段限制每个人滥用自由,服从法律就等于服从使每个人都自由的理性的、道德的通则。康德的理论为道义责任论提供了原型。因此,道义责任以道义非难作为法律责任的根据,从道德义务中推导出责任。所谓道义非难是指基于伦理的立场,对行为人的主观心理的否定评价,而评价标准则是特定的道德价值。

道义责任论在很大程度上揭示出近代法律责任制度的真谛。在刑法领域,自从古罗马法学家首次将主观恶性这一概念引入刑法后,刑事责任才逐渐从客观责任(加害责任)的野蛮中摆脱出来。[②]在现代刑法中,主观恶性集中体现在责任这一概念上,在有责性这一构成条件中加以论述。日本刑法学者福田平、大塚仁认为,所谓(刑事)责任,是指在行为人具有责任能力和主观恶性(故意或过失)的情况下,能对其进行谴责,责任的本质实际上就是一个主观恶性

---

① 法学教材编辑部编:《西方法律思想史资料选编》,北京大学出版社 1983 年版,第 32、339 页。转引自王利明:《侵权行为法归责原则研究》,中国政法大学出版社 1996 年版,第 187 页。

② 参见陈兴良:《本体刑法学》,商务印书馆 2001 年版,第 31 页。

的问题。[①] 这种观点代表了大陆法系刑法(学)的通说。而所谓的主观恶性,是从道德标准的角度对自由意志作出价值评价的结果。在刑事责任中,这种道德价值具体表现为正义、均衡和报应观念,这就是刑事道义责任的价值本质所在。它为刑事责任的实现提供了正当性基础,即对犯罪人发动刑罚,取决于犯罪人所实施的犯罪形式(主观恶性),刑罚应与犯罪在量和形式上相均衡。

自近代以来,在侵权法领域,一直以"过错"作为民事责任的归责原则。以德国、法国、瑞士等为代表的欧陆国家民法理论认为:过错和刑事责任中"主观恶性"的概念相类似,它是指行为人具有某种在伦理上、道德上应受非难的心理状态,在自由意志支配下的行为的不可原宥性,实际上是理性或意志层面上的人格过失(personal fault)或道德过失(moral fault)。19 世纪的民法理论认为在民事归责上,应从行为人主观的意思或能力上寻求根据,而不应从客观损害的事实现象中寻求归责根据,因而这种民事归责理论被称为"主观过错说"。以法国和波兰等国民法学说为代表的现代民事归责理论对"过错"作出了不同的定义,认为"过错"并非在于行为人的主观心理态度是否具备应受非难性,而在于其行为具有应受非难性,行为人的行为若不符合某种行为标准即为"过错",这种学说被称为"客观过错说"。"主观过错说"和"客观过错说"的分歧焦点在于:在对行为进行价值评价的时候,需要考察的是行为人主观的心理状态还是客观的行为状态。"客观过错说"由于主张用客观的社会标准评价行为是否有过错,从而得出了"过错是一种社会概念"[②]

① 参见[日]福田平、大塚仁:《日本刑法总论讲义》,李乔等译,辽宁人民出版社 1986 年版,第 87 页。

② 参见王利明:《侵权行为法归责原则研究》,中国政法大学出版社 1992 年版,第 193 页。

的结论。

“客观过错”并没有使得民事责任中的过错改变其原本具有的道义性质。在价值论的意义上，法律责任制度基于这样一个理论预设而存在：必须承认意志自由、肯定人的意志自由的存在，没有意志自由或意志能力有重大缺陷的人其行为在法律上是没有价值的。过错是行为的主观方面（意志），就社会而言，它所要加以考察、评价的某一行为，是一个客观的认识对象，只有通过这个客观的认识对象，人们才能对行为人的主观方面（意志）作出最终的评价。“客观过错论”实际上为人们提供了各种客观的、易于操作的行为标准，用以评价行为人的意志是否有过错。这种操作标准就是本书所说的“主观法律秩序”中的注意义务规范。法律只能以人的行为为调整对象，它无法直接去探究人的精神领域，在法律责任的评价机制中，法律只能通过对行为的“中介”评价，最终达至对意志的评价。王卫国在论及“过错”时指出，“法律对加害行为的评价是针对行为的意志状态而言。意志状态对行为人来说是主观的，对社会来说则是客观的。因此，社会应当根据一系列客观事实来确定行为人在主现方面有无故意或过失”，“过错在法律上总是表现为若干事实要件的综合”，“认定过错不是再现行为人实施行为时的心理活动，而是对一些关键性事实的综合评断”。[①] 这种观点是较为公允的。法律责任中的“过错”概念，从其本原意义上说，只能从意志自由的层面上加以阐释，过错的本质在于意志的道德属性，对过错的确定必然包含了道德上的非难。尽管民法迥异于刑法的社会机能使得民事责任中的“过错”具备了更多的社会性内容，但是，当我们对“过错责任”进行追本溯源式的探究时，我们发现，“过错责任”的终极内容仍然

---

① 王卫国：《试论民事责任的过错推定》，载《法学研究》1982 年第 5 期。

是“道义责任论”。从纯粹的“道义责任论”维度来看，民事“过错责任”评价机制中的价值本体是正义、公正和惩罚。正义的观念并不像极端的法律实证主义者所想象的那样虚无缥缈、像“历史的婢女”那样可以任人摆布，对于人类而言，正义有其恒定不变的精神内核。“正义乃是使每个人获得其应得的东西的永恒不变的意志”①，“使每个人获得其应得的东西的精神取向”②，正义本身乃是“他者之善”或“他者之利益”，因而需要一种公正待人和关心他人的精神态度，但这并不足以使正义处于支配地位。推行正义的善意，还必须通过旨在实现正义社会目标的实施措施和制度性手段加以落实。在道德的层面上，“过错责任”正是实现正义——意志自由所需求的“他者之善”的制度保障，它属于亚里士多德所说的“矫正正义”的范畴，“矫正正义”要求对过失所致损害作出赔偿或剥夺一方当事人的不当得利。“过错责任”因而获得了“惩罚”的价值取向。正如英国学者彼得·斯坦所称，因过失而支付的损害赔偿“是一种对做了某种错事而进行的惩罚”③。

二、行政法上道义责任论的含义

正如本书第四章所得出的结论，“过错责任”应该也是行政法律责任的根本性归责原则。在德、日等国的大陆法系传统理论中，行

---

① 这是古罗马法学家乌尔庇安在查士丁尼《民法大全》中首创的一个著名的正义的定义，参见[美]E. 博登海默：《法理学法律哲学与法律方法》，邓正来译，中国政法大学出版社 1999 年版，第 264 页。

② [美]E. 博登海默：《法理学法律哲学与法律方法》，邓正来译，中国政法大学出版社 1999 年版，第 264 页。

③ [英]彼得·斯坦等：《西方社会的法律价值》，王献平译，中国人民公安大学出版社 1990 年版，第 154 页。

政法律责任被定位为公法上的侵权责任，这也使得在价值层面上，行政法律责任与民事法律责任具有类似的内容和构造。所不同的是，行政法律责任制度中对"过错"的评价是针对行政主体这一组织体的主观意志，这类似于民事责任中对法人（或其他具有主体地位的非法人组织）过错的评价。组织体具有意志能力，在现代法学中是可以证成的，行政机关的决策机关、表意机关的运作过程就体现了其组织意志，公务人员履行职务过程中的行为过错可以视为其组织管理上的瑕疵，可以推定其意志层面上存在过错。

另外，从法律发生学的角度看，行政法的产生与民法完全不同，两者的规则机制和社会需求亦不完全相同，这决定了行政法律责任中的价值内涵与民事责任的不同之处。自由主义思想之集大成者哈耶克将与人类社会生活相关的规则体系分为"自然"、"人为"和"人之行动而非设计"三大类型。其中，自然规则体系并非由人类行动而产生，但"人为"和"人之行动而非设计"却是人类行动所生成的二元化"社会秩序规则"，其中"人为"规则属于"外部规则""组织秩序"，而"人之行动而非设计"规则属于"内部规则"和"自生自发秩序"。[①] 在这一体系中，民法被归入到人类社会中的"自生自发秩序"中，因为民法是个人和组织针对"特定情势所作的应对"而产生的一种"整体秩序"，属于"人之行动而非人之设计"的社会内部规则。行政法作为公法秩序的重要组成部分，按照哈耶克的分类应当归入"外部规则"，其规则体系大多由立法者所制定，换言之，包括行政法在内的公法规则是人的意志行为为了特定目的而刻意创制出来的。从历史的维度观察，宪法乃是特定历史时期市民社会在摆脱了强

① 参见[英]弗里德利希·冯·哈耶克：《法律、立法与自由》（第1卷），邓正来译，中国大百科全书出版社2000年版，第五章"内部规则：自由的法律"、第六章"外部规则：立法的法律"。

大、不受法律约束的政治国家的统治后，在自由主义、理性主义思想及其理论的指引下，人为理性建构而非自生自发的规范体系，行政法作为宪法的具体实施者，它与宪法一同起着防止专制、暴政，保障市民社会自由领域的机能。[①] 这决定了行政法与民法相比，具有较为浓厚的“意志”色彩。表面上，行政法律责任与民事法律责任雷同，均体现为对受侵害之权利提供救济，使损害得以填补，因此在根本上，道义层面上的行政法律责任的本体价值仍然表现为正义、公平和惩罚。但是，行政法较为雄厚的“意志”属性使得行政法律责任在“社会—国家”的二元对峙社会结构中，在市民社会这只“独立之眼”对政治国家的猜忌与监控中，承载了更多的道义性的机能。这决定了以正义为核心的较为抽象的道义性价值，在行政法律责任中必将转化成一些较为具体的价值构造或原则，这个原则就是行政法上的“责任政府”原则。

行政道义责任蕴含着的“责任政府”原则，可以从表层价值和深层价值两个方面得以阐释。就表层价值而言，行政法律责任与民事法律责任一致，行政主体基于过错而实施的公权力行为致使行政相对人损害时，行政主体主观(意志)上的过错具有可谴责性。两者承载了同样的道义机能，即作为“矫正正义”要求的一种制度安排，为了推行正义所包含的公正待人、关心他人的精神，法律通过支付赔偿这种方式对行政主体的意志缺陷或人格过失作出了惩罚。

但就“政府责任”原则的深层价值而言，政府侵害行为道义上的可责罚性，还需从政治国家——市民社会二元对峙这一立宪主义赖以生成的基本社会结构中去理解。在“契约型”宪制的格局下，“责

① 参见[德]哈特穆特·毛雷尔:《德国行政法总论》，高家伟译，法律出版社2000年版，第二章“行政和行政法的历史发展:宪法和行政”。

任政府”是市民社会为确保个人和社会的自由领域对政治国家提出的政治道德要求。这个政治上的道德要求在法理上体现为：以平等原则为基础，确立政府的法律人格。就政府与公民的关系而言，政府法律人格的本质可概括为“对政府的法律控制”，即政府如同普通人一样，需要对自己的过错行为承担责任。基于社会契约所生成的公权力与人民之间的关系中，政府作为人民的“代理人”，其实施公权力行为过程中的过错更加具有道义上的可非难性，这也正是德、日公法责任理论更为注重因公权力过错行使导致不法侵害而引起的赔偿责任的多样化的功能——它不仅具有救济功能、损害分散功能，尚需发挥制裁和违法行为抑制、合法状态恢复功能。而后者——制裁和违法行为抑制、合法状态恢复功能，正是行政法上的道义责任论所蕴含的“责任政府”原则的深层价值所在——指向针对政府的批评和惩戒，从而使行政法律责任制度成为行政法上控制、规范行政权的重要机制之一。

第四节　行政法律责任归责机制之二：社会责任论

一、社会责任论的一般机理

“社会责任论”作为近、现代法律责任的根据之一，发端于19世纪末至20世纪初。19世纪后半期以来，西方社会科技的飞速发展，大工业生产方式的普及使得社会关系呈现前所未有的复杂局面。建立在纯粹的个人本位价值观基础上的道义责任论陷入了捉襟见肘的窘境。在刑事司法领域中，正如意大利学者菲利指出：在意大利，当古典犯罪学理论意志自由论发展到顶峰时，这个国家却存在从未有过的数量极大的犯罪行为的不光彩状况。[1] 民法中的过错责任原则由于承认“合法的损人利己”观念(在致人损害情形中,加害人若无过错、已尽到法律上之注意义务,他就不负责任),致使在大量的工业事故、产品质量瑕疵、污染导致损害的案件中,受害方处于严重不利的地位,酝酿了尖锐的社会矛盾,在这种背景下,社会本位思想应运而生。“社会责任论”是以社会本位价值观为基础的责任学说,尤其是法学研究领域社会学实证主义的兴起为这种学说提供了良好的理论基础。“社会责任论”强调人性中经验的一面,贬抑人的意志自由。德国社会学家迪尔凯姆的学说对社会责任论的发展具有十分重要的意义,他认为社会现象是存在于人们身体以外的行为方式、思维方式和感觉方式,同时通过一种强制力,施以每个人;对于作为生物客体的个人而言,社会事实是客观存在的,当特定的个人去世或被其他人代替时,事实仍永恒地存在。不仅如此,社会事实还具有强制性力量,这力量使它凌驾于每个社会成员及其独立的意志之上,无论是以法律的或是以习惯的形式出现,这种制约力总是在社会利益受到侵犯时发挥作用,凌驾于个人之上,引导着个人需求,影响着个人思维倾向。[2] 个人在社会面前,其意志自由是微不足道的。社会是一个独立于个人的有机体,是在统一的道德规范的前提下,社会成员之间相互交流这种规范的过程。因此,社会是一个多元利益的互动系统,法律是权利或各种利益的宣示或者保障。法律责任是对违法行为侵害利益的纠错机制。[3] 因而,法律责任的本质是社会事实强制力量的体现。这种强制力量通过对受侵

---

① 参见[意]菲利:《犯罪社会学》,郭建安译,中国人民公安大学出版社 1990 年版,第 37 页。转引自陈兴良:《刑法的人性基础》,中国方正出版社 1996 年版,第 138 页。

② 参见[法]迪尔凯姆:《社会学研究方法论》,胡伟译,华夏出版社 1988 年版,第 5 页。

③ 参见王成栋:《政府责任论》,中国政法大学出版社 1999 年版,第 12 页。

害权利的补救来否定侵权行为,以对受到危害的利益的加强来限制侵权者的任性。法律责任是对社会利益系统的维护,“社会责任论”在责任机制中排除道义非难和选择自由,责任评价机制中的评价对象是行为人的反社会人格或反社会行为。对具有反社会人格或实施了反社会行为的人,社会为了防卫自己受到侵害就必须采取一定的措施。违法者既然也是社会的一员,就应当对自己的社会危害行为负责。

在刑法领域,“社会责任”的主倡者是刑事社会学派和刑事实证学派,他们以社会实证的方法对犯罪产生因素进行揭示,认为犯罪的原因在于社会因素的决定性作用;他们立足于矫正与预防犯罪的社会角度,揭示了刑罚作用的有限性,主张寻找刑罚替代物及刑罚的个别化。[①] 因而,刑事“社会责任论”是以社会本位价值观为基础的责任理论,结合刑法特有的机能,责任评价机制中的价值本体可以归结为“社会防卫”和“社会安全利益”。从“社会防卫”和“社会安全利益”的价值评价根据出发,责任的评价对象不再是犯罪人的主观恶性及其支配下的行为,而是犯罪人所具有的反社会人格及其社会危险状态(人身危险性),从而使现代刑事责任理论完成了“由犯罪行为向犯罪人的划时代转变”[②]。

“社会责任论”对现代民事责任制度的影响则是无与伦比的。传统的民事道义责任论基于对行为人主观过错的道义评价,否定了人的社会性的一面,这种评价机制从根本上说与刑事道义责任没有本质区别,仍然留有法律学幼年时期“侵权法”与“犯罪法”浑然不分

---

① 参见陈兴良:《刑法哲学》,中国政法大学出版社 2000 年版,第五章“犯罪本质二元论”、第十五章“刑罚目的二元论”。

② 陈兴良:《刑法哲学》,中国政法大学出版社 2000 年版,第 166 页。

的痕迹。19 世纪后半叶西方社会进入了一个“机器和事故的年代”，工业事故成为最严重的社会问题，过错责任原则在处理工业事故损害赔偿中存在致命缺陷，受害工人必须举出雇主有过失才能获得后者的赔偿，这种举证连法官也承认对于工人来说是十分困难的。为了缓和社会矛盾，19 世纪末期以后，对于工业事故的损害赔偿，西方各国法律逐渐放弃了过失责任而采用无过错责任原则，随后，这一归责原则逐渐在交通事故损害、医疗事故损害、航天器和原子能损害等领域推广。① 与传统的过错责任原则大相径庭的公平责任原则也出现在司法实践活动中。在责任的评价机制中，这两种责任形式排除了对行为人主观过错的判断，而是基于损害事实、当事人的经济状况等社会因素及“一般社会上之安全利益”之标准进行归责。这意味着过失作为负责条件的分离，从而使“补偿”确立为民事责任的主要机能。在现代民法中，无论是债法、侵权行为法或是物权法上适用无过错责任的情形中，其主要机能均在于“恢复权利”或“对不幸损害之合理补偿”，尽管责任的实现需通过致害人支付“赔偿”，但这种“赔偿”并非基于致害人的过错，从而失去了道义惩罚的机能，因此，无过错责任的本质是一种“社会非难”，即以社会性价值为标准对侵犯权利行为的否定性评价，这是一种社会处置的手段。

从无过错责任存在的社会基础观察，现代保险业中的责任保险制度为无过错责任的实现提供了现实的基础。尤其是在民事侵权法中，通过责任保险制度，加害人只需向保险公司支付廉价的保险费，当损害发生后且加害人承担损害赔偿责任时，该加害人即将损害转嫁给保险公司，而保险公司则将损害转嫁给千万户投保人，从而形成了所谓的赔偿社会化。

---

① 参见王利明：《侵权行为法归责原则研究》，中国政法大学出版社 1996 年版，第五章。

“社会责任论”不仅通过无过错责任的适用对现代民事责任的构型产生影响，而且还对传统的过错责任的内在机理产生了深刻的影响。“客观过错责任”的兴起使判断主观意志缺陷的标准社会化，行为人具有过错在于他们没有达到某种行为标准，而这种标准只能是一定社会历史场域中具有社会合理性的标准，如缘起于罗马法现已被大陆法系民法所采纳的“良家父”标准以及英美法系侵权法中的“合理人”标准。这就使得对人的意志过程的评价转化为对行为的评价，使评价的标准客观化，使过错和违法性概念趋于统一，从而完成了道义评价向社会评价的转变。

民事社会责任从社会本位的立场出发，强调“对不幸损害之合理分配”，其追求的价值目标似乎是道义层面上的“分配正义”，但是从正义论的角度看，正义所要求的“公平待人”的精神既不能使无辜受害人自己承担损失，也不能使无过错的加害人承担损失，更不能使与损害无关的其他人分担损失，而无过错责任在许多情况下可通过保险制度将损害转嫁给为数众多的投保人，这与正义的要求是不相符的，是不公正的。美国学者福莱明指出，损失分担与损害赔偿并不矛盾，但与正义的要求是相矛盾的，正义不允许某人将其行为的后果加到其他人身上。① 因此，我们无法从道德层面上的正义观念中推导出民事社会责任的价值内涵，它体现的并不是所谓的“分配正义”，民事社会责任的本体价值内涵毋宁是基于社会立场的“利益均衡”——通过利益权衡决定责任的归属。

二、行政法上社会责任论的含义

行政法律责任同样受到了“社会责任论”的洗礼，在坚持以过错

① See Fleming, *An Introduction to the Law of Torts*, 2nd edition, Clarendon Press, 1985, p. 9.

责任作为基础归责原则的同时,行政法律责任的归责机制呈现多元化的趋势,“危险责任”“特别牺牲责任”等责任形式纷纷出现在各国的立法与司法实践中。

“危险责任”主张以有无损害作为是否给予补偿的标准,无须以公务行为是否存在过错作为承担责任的条件,这实际上是一种“无过错责任”。“危险责任”是“社会责任论”影响行政法律责任制度的集中体现,这种责任形式的理论依据是“危险责任论”和“社会保险论”。这一理论最初产生于民事侵权法“无过错责任”理论中,为了给“无过错责任”在工业事故损害案件中的适用提供理论基础,法国学者约瑟朗德提出“形成风险”理论:首先,事故是在追逐利润的过程中产生的,而获取利益就应当对形成的危险负责,而不仅仅是对过错负责;其次,发生在从事危险活动过程中的事故的责任,应加到从事此种活动的人身上,尽管没有什么过错可归责于他。① 谁获得利益就应负担由此造成的损失,这是源自罗马法的以均衡利益为目的的报偿理论的运用。国家因从事铁路、航空等危险事业而获得了利益,也应当为这些危险事业造成的损失承担赔偿责任。后来,这一理论又被引申到了国家公务活动的各个领域,如行政主体因其机关的公务活动获益,因此需要对公务侵权行为造成的损害承担无过错责任。

“社会保险论”则以社会互助精神为出发点,把商业保险的原理加以引申,将国家视为全社会的保险人,把社会成员向国家纳税视为向保险公司投保,把行政主体的公务行为所造成的侵权损害视为受害人的一种意外灾害,当这种灾害不幸发生时,受害人即可向社

---

① 参见[澳]瑞安:《民法导论》,楚建译,法律出版社 1983 年版,第 124 页。转引自王利明:《侵权行为法归责原则研究》,中国政法大学出版社 1996 年版,第 140 页。

会保险人——国家索赔，国家应当同保险公司向投保人支付保险金一样向受害人支付赔偿费用。它的目的在于保障和不断提高全体社会成员的物质生活待遇，以全社会的集体力量减轻个别受害人的负担，帮助他们克服在受到损害时所面临的那种"靠一己之薄力实难应付"的局面。[①] 由于保障制度主张只以有无损害结果作为是否给予赔偿的标准，故当它适用到行政法律责任中的时候，就无须以行政主体的过错作为归责要件。

"特别牺牲责任"的理论基础是"特别牺牲理论"，是指"对财产的侵害采取剥夺或负担的形式，以不同于其他人的特别方式影响有关的个人或者人群，从而强制后者为公众承担特别的、与其他人相比不公平的、而且通常不可预期的牺牲"[②]，即政府对产权的限制，已然超过一般情形中财产权的社会义务，对特定人造成了特别的利益牺牲，是基于公平原则考量应予补偿的责任形式。

无论是"危险责任"还是"特别牺牲责任"，它们无不主张在责任的评价机制中，排除对"过错"的考虑，完全基于损害补偿等功利性因素进行归责。因此，以这种理论为根基的行政法律责任实质上是一种"社会责任"，它所蕴含的价值内涵可以归结为"利益均衡"，即在发生侵权损害的情况下，应当根据社会公共利益（或公共政策）权衡冲突双方的利益，以达到合理的损失分配。

在宪制模式下的行政法中，"利益均衡"的价值观在行政社会责任中又具体表现为"公共负担平等"这一著名的法律原则。可以说，"公共负担平等"为行政责任的评价机制如何均衡各种相互冲突的

---

① 参见张正钊：《国家赔偿制度研究》，中国人民大学出版社 1996 年版，第 18 页。

② ［德］哈特穆特·毛雷尔：《行政法学总论》，高家伟译，法律出版社 2000 年版，第 667 页。

利益提供了终极性的导向。“公共负担平等”可称为行政法上社会责任的本原性价值。法国《1789年人权宣言》第13条明确规定了公共负担平等原则，这一原则逐步被其他民主宪制国家所接受，并成为现代公法责任制度的重要原则之一，这个原则直接立基于立宪主义的根本原则“主权在民”。当人们通过签订社会契约从“自然状态”进入到政治的社会状态后，又通过签订契约产生了国家。国家是契约的产物，是执行社会契约的公意机关，它不能享有主权，主权只能属于全体人民，人民既然是国家主权的实际享有者，从国家活动中获得利益，也应当是公共负担的承担人。人民应当平等地享有国家活动所带来的公共利益，对国家活动所造成的公共负担也应当平等地承担。行政机关作为公意机关的执行机关，其公务活动不但可以实现和保护社会和个人的利益，也必然会对社会和个人的利益产生侵害。“公共负担平等”原则将行政主体公务活动对社会和个人造成的损害视为公共负担。在宪法体制下，行政法律责任的机能是：把政府公务活动对特定人造成的损失由政府代表全体人民共同承担责任，将政府公务活动所造成的公共负担由全体人民分担，从而实现“利益均衡”。

根据这一原则，作为主权者的人民对国家活动所带来的公共利益应当平等地享有，对于国家活动所造成的公共负担也应当平等地承担。行政法律责任的机能便是：把政府公务活动对特定人造成的损失由政府代表全体人民共同承担赔偿责任，将政府公务活动所造成的公共负担由全体人民分担，从而实现“利益均衡”。

三、总结：道义责任和社会责任的融合

从法律史的角度来看，法律责任存在一个从古典责任到现代责任的转变过程。古典责任是一种以道义责任论为基础的、与报应观

念相联系的责任。随着人类社会关系的日趋复杂,利益格局多元化,传统的最大限度地维护个人自由的法律责任之弊端显露无遗,"社会责任"理论应运而生,它要求法律责任应当维护"涉及文明社会的社会生活并以这种生活的名义提出的主张、要求或愿望"①,"社会责任论"的机能应当是预防、恢复和补偿。现代法律责任是一种将道义责任与社会责任融为一体的责任,这种转变的背景是报应主义与功利主义的融合,从而使法律责任具有复合性质。

法律责任的复合性质已经使人们很难区分在各部门法中,某一具体的责任形式是道义责任还是社会责任。日本学者大塚仁指出:现实的刑罚中,有报应的要素也有教育的要素,有赎罪的要素有社会防卫的要素,有一般预防也有特别预防的要素,这种种要素已经浑然一体。② 民事法律责任中的"客观过错"也表现为一种复合的性质,"过错"是道义层面上对意志的评价,但采用社会客观的行为标准评价过错又使它具有"社会责任"的性质。"无过错责任"似乎是一种"纯粹"的社会责任,但在"高度危险"的责任情形中,虽不考虑过失,按照严格的过失标准,从事高度危险作业本身就具有一定的道义非难性。

如果我们说"责任政府"是行政法律责任所蕴藏的道义性价值内涵,而"个人社会负担平等"是行政法律责任蕴含的社会性价值内涵,那么,我们在某一具体的行政主体承担责任的情形中,实际上很难判定到底彰显了哪一种价值追求。如在行政主体因过错侵权而承担赔偿责任的情形中,对"过错"的判定似乎是"道义责任"的体

① [美]E.博登海默:《法理学法律哲学与法律方法》,邓正来译,中国政法大学出版社1999年版,第147页。

② 参见陈兴良:《本体刑法学》,商务印书馆2001年版,第316页。

现,但评价过错的标准采用了客观的、社会性的标准,如违反法定程序、超越职权等。政府因过错侵权而支付赔偿,首先体现的是“责任政府”的道义性价值要求,但从宪制中的政府与国民的关系而言,国民是纳税人,政府是“公意机关”的执行机关,政府对某位受侵害个人支付赔偿,实际是以全体国民的名义支付赔偿,损失又因而被全体国民分担,这又体现了“个人社会负担平等”的社会价值要求。

综上所述,我们可以得出这样的结论:现代法律责任是将道义责任、社会责任融为一体的责任。在价值论的意义上,责任的本质体现为道义性价值与社会功利性价值的水乳交融。这种融合并没有完全抹杀其各自的独立性,无论是刑事法律责任、民事法律责任还是行政法律责任,在责任的根据方面,道义责任论和社会责任论均为其提供了强有力的理论支撑,使法律责任制度的设置、变迁与不同时代的社会需求相契合;但在责任的评价标准方面,归责技术倾向于寻求客观的、社会性的标准将抽象的价值判断转化为具体的、客观的行为标准,以实现法律评价的确定性(determinacy)和可预期性(anticipation),从而赋予法律责任以鲜明的社会责任论的色彩。这个认识不仅对明晰法律责任的规范构造有所裨益,而且与现代法律方法的基本立场——寻求法律价值的客观化相吻合。①

① 卡尔·拉伦茨认为,法学的基本问题在于,在法律判断中包含“不能以科学方法审查的”价值判断,法学家须针对“价值取向”的思考发展出一些方法,借助它们可以理解及转述既定的价值判断,而使进一步的评价行为获得相对的精确性和客观性。(参见[德]卡尔·拉伦茨:《法学方法论》,陈爱娥译,台北,五南图书出版公司1992年版,“导论”第2页)

第六章　我国行政法律责任理论的修正与完善

第一节　基本结构与主要观点

至此,我们可以对本书的基本结构和主要观点进行一次全面总结,以期在这一架构下实现对我国当下行政法律责任的修正与完善。本书认为,中国行政法律责任理论与实践中存在的问题,在很大程度上都可以归结于对“客观不法”与“主观有责”这一传统理论中法律责任的基本框架认识不清。如将对行政行为的客观违法判断作为赔偿责任的归责依据(违法归责原则),实际上是对这两大要件的混同;由于缺乏对有责性要件的足够认识,而不知“过错”在法律责任机制中的功能,致使对赔偿和补偿在损失填补范围上的区别以及在行政法律责任制度中不同的评价功能认识不足,等等。

基于这些问题,本书借助了“客观不法”与“主观有责”这一框架来搭建文章的整体理论架构,以期在论述中更有针对性,在这一框架下厘清诸多问题。

一、行政法律责任的形式构造与规范类型:划清责任的“外部边界”

本书的第二章、第三章,属于“客观不法性”范围内的讨论,法律责任理论中“客观不法性”要件的含义,是指行为造成的侵害具有

“不法性”,即在整体法秩序上被认为不法,这是法律责任成立的基础条件;而“主观有责性”要件主要考察行为人是否存在过错,解决的是赔偿或补偿问题,即填补损失的范围问题。就行政法律责任而言,只要符合“不法性”要件,责任就已经成立,在“有责性”判断中,考察的只是行政补偿责任或是行政赔偿责任的区分问题。因此,对于行政法律责任“客观不法”要素的厘清,即可划清行政法律责任的“外部边界”,将那些容易与行政法律责任混淆的行政法上的各类政府应当履行的义务、不属于责任范畴的损失补偿界分开来。在这一部分,本书以凯尔森的法律责任理论——“不法行为”与“制裁”之间的充分必要关系——为起点,运用霍菲尔德的基本法律关系分析框架,尝试界定行政法律责任概念形式构造与规范类型,从而把握作为法律规范性概念的行政法律责任之实质含义,实现在责任与非责任之间划定界限。本书第二章得出结论,认为“行政法律责任的形式构造”是由行政主体的不法行为所引起的行政法上的请求性救济权关系,这一结论可以澄清行政法律研究中的诸多错误(如将行政行为的撤销、确认无效等视为行政法律责任的形式,行政赔偿责任中违法归责原则等),但这只是确定行政法律责任实质规范内涵的原型,尚需进一步具体化;在第三章,本书在公法上权利保护的三个层次(公法上原权利保护的三道“屏障”)框架中,对行政法律责任的规范类型进行分析,最终得出如下结论。

1. 在公法上的原权利法律关系被行政主体公权力行为侵害引发请求性救济权法律关系、产生行政法律责任这一过程中,辨识公法上原权利法律关系是否遭受侵害是确定是否形成行政法律责任的关键所在。辨识公法上原权利法律关系是否遭受侵害的标准是:辨析侵害是否属于“目的性侵害”,只有当行政活动导致的损害是超出行政行为规范目的的、不可预期的或者是附随性的,才是对公法上原权利的侵害，才能引起救济权法律关系的产生。

2. 按照上述标准，可以“提炼”出行政法律责任的三种规范类型。

规范类型一：行政主体的公权力行为导致行政相对人权利遭受附随性的、超出规范目的以外的妨害，由此引发的行政相对人的“排除侵害（妨害）请求权”。

规范类型二：行政主体的公权力行为导致行政相对人权利遭受附随性的、超出规范目的以外的实质性损害，由此引发的行政相对人的“恢复原状、填补损失请求权”。

规范类型三：行政主体的行政行为丧失效力，但通过该行为对行政相对人科以的义务已经履行或者仍处于持续状态，由此引发的行政相对人的“恢复原状、填补损失请求权”。

这一结论属于对行政法律责任规范、形式层面的认知，实际上是在分析法学的意蕴中对行政法律责任“客观不法”要件的另一种解读，尚未涉及责任构成要素中的价值判断要素，但可以确定责任与非责任的界限，如可以澄清我国当下行政法学研究中以及公众舆论中将行政法律责任“泛化”的错误认识——将行政征收、政府救助、政府在提供社会公共福利方面应履行的各种义务都看作政府法律上的责任。以行政征收为例，合法的行政征收对被征收人的财产损害以及给予的合理补偿，都是行政征收这一行政行为目的范围内、预期范围内的事项，因此其中的财产损害属于“合目的性”损害，并未对法律设定的原权利法律关系造成侵害，行政征收因而被排除出行政法律责任的范围。

二、行政法律责任“内部构造”的修正以及责任的正当化理论

在解决了行政法律责任“外部边界”问题后，本书第四章、第五

章进入到行政法律责任"内部构造"的讨论,这就涉及对"主观有责性"要件的理解。法律责任构成中的"有责性"要件,关涉两个层次的问题:首先是"归责原则",即法律基于何种理由使导致损害的行为或状态与损害结果相结合,从而产生法律责任;其次是"责任的根据"问题,"责任的根据"是对法律责任的本体论认识,指向归责原则背后的价值根源问题,是法律责任制度的正当性所在。概言之,"责任的根据"与"归责"是法律责任概念中的价值要素,两者构成了整体意义上的归责机制。与民法学、刑法学相比,我国行政法学界对法律责任的"有责性"要件或归责机制的认识,总体上存在不足。

与"归责原则"无法分离的是行政法律责任的分类问题。受到欧陆法系公法上赔偿责任与损失补偿二分法的影响,我国学界以导致损害的行为是否合法为标准,形成了行政赔偿责任和行政补偿责任的基本分类。这一看似明确的分类,实际上潜藏诸多含混认识和概念错误。本书第四章仍在"客观不法"与"主观有责"这一分析框架中展开对行政赔偿责任和行政补偿责任的分析。在"客观不法"认定的两个环节中("不法可能性"与"不法阻却事由"),可以发现无论是行政赔偿责任还是行政补偿责任,并无实质区别,行政活动导致权益的不法损害(侵犯原权利法律关系),是两种行政法律责任的共同要件。行政赔偿责任和行政补偿责任的根本区别在于"有责性"要件。至此,我们可以得出如下结论。

1. 导致损害的行为是否存在过错,是区分行政赔偿责任和行政补偿责任的关键所在,即行政赔偿责任适用过错归责原则,行政补偿责任适用无过错归责原则。至于导致损害的行政行为是否合法,并非区分行政赔偿责任与行政补偿责任的关键,一个违法但无过错的行政行为只需承担行政补偿责任。行政赔偿中归责机制的核心理念乃是基于主观过错的"道义非难",遵循"无过错即无责任"这一古老的侵权法准则;行政补偿中的归责机制则是建立在利益均衡(危险责任、特别牺牲责任)基础上的“社会非难”。这一结论和德、日等国公法理论及其司法实践相一致。我国学界效仿大陆法系建立起来的、以行政行为是否合法为区分标准的行政赔偿责任和行政补偿责任的分类,是建立在对德国法上损失补偿制度的错误理解之上的,德国法上的损失补偿包括了行政征收补偿这一非责任损失填补机制、以公权力行为违法但无过错为要件的行政补偿责任两大部分,不能将我国行政法上的行政补偿责任简单地对应于德国法上的损失补偿制度。

2. 对于行政赔偿责任中的过错认定,亦需要在“客观不法性”与“主观有责性”框架中作出分析。德、日的立法中对行政赔偿责任作出了“公务员故意或者过失违背其对于第三人应尽的职务义务”“不法侵害他人权利”之类的规定,这一规定涵盖了“客观不法性”与“主观有责性”完整的责任要件。对“有责性”要件的认定,现代行政法与侵权法一致,呈现“过错客观化”的趋势,即采用侵权法上的“行为不法”说——不仅须考察行为的结果,而且须关注行为本身,行为不法性的成立须以行为人的过失为必要,对过失的判断则采用“违法性”评价机制,只要行为人在客观上违反了“对第三人的职务义务”即可推定过失。违反“对第三人的职务义务”属于行政行为违法的表现形式,其实质是违反了法规范为行政机关或其公务员设置的注意义务。反之,并非所有的行政行为违法都可用于推定过失,行政行为违法可能存在对两类义务的违反——“一般的职务义务”和“第三人的职务义务”(或称“对特定人的保护义务”),[①]前者是指公务人员针对其所属的行政主体所承担的职务以及行政机关基于行政

① 参见[德]哈特穆特·毛雷尔:《行政法学总论》,高家伟译,法律出版社 2000 年版,第 626～627 页。

内部关系承担的义务，后者意味着针对相对人或者第三人的特定义务，对后者的违反才可推定过失的存在，从而产生赔偿责任，即"对他人保护义务"条款是行政机关注意义务的客观化。我国行政法上的行政违法理论并未作出如此分类，原因在于我国行政赔偿责任的适用无须考虑过错的违法归责规则，实践中并不存在通过行政违法判断过错的需求。

3. 以是否适用过错归责原则而产生的行政赔偿责任和行政补偿责任的区分，最终指向赔偿和补偿这两种不同的责任形式在行政法上的不同功能。赔偿的机理是"道义上的可责难性"，而补偿的实质是"公共负担平等原则"所要求的利益均衡机制。因此，基于过错而产生的赔偿责任在填补损失的范围上远远大于补偿责任，前者以"可得利益"为基准填补损失，后者仅补偿直接损失。赔偿责任因此具有针对行政机关的批评功能和惩戒功能，这一点被我国理论与实务所忽视。

在区分行政赔偿责任和行政补偿责任功能的基础上，本书第五章进入了决定这两种责任形式的归责原则之本体价值的分析，从本体论价值分析的角度对其进行追本溯源式的阐释，这也是我国行政法学界尚缺乏系统、深入研究的问题。与民事侵权法一致，行政法律责任的归责原则由过错原则和无过错原则这两大基本原则构成，其背后的理论基础是"道义责任论"和"社会责任论"。在道义责任论中，行为人的意志缺陷具有道义上的可谴责性是归责的根据，而过错就是有一种意志缺陷，过错意味着具有意志自由的人主动选择为恶或未尽到应尽之注意义务；道德价值是道义责任论的核心内容，行政法上道义责任的核心价值是由正义、公正转化而成的"责任政府"；在社会责任论中，行为具备社会可非难性从而导致归责，社会责任论强调"对不幸损害之合理分配"，其追求的价值目标是"分配正义”，行政法上社会责任的核心价值是“个人负担平等原则”与“特别牺牲”理论。尽管社会责任的评价对象并不最终指向自由意志，但它发生作用的前提是行为人必须具备健全的理性和意志能力。这种论述彻底厘清了行政法上过错原则和无过错原则的价值构造和生成机理。

从行政法律责任形式构造和规范类型的分析，到行政赔偿责任和行政补偿责任的关系辨析以及归责机制的本体论阐释，本书完成了我国行政法上责任“外部边界”的划定与“内部构造”的修正。这种论证进路主要是针对当下研究和实践中存在的问题展开的，对本书所取得的各项结论进行整合，可以对当下中国的行政法律责任理论做一个整体意义上的修正与完善。

第二节　非责任损失补偿机制的理论基础与类型化

在理论格局层面，我国行政法应当强调行政法律责任的法律规范性概念之属性，应以法律责任为上位概念，避免责任概念滥用从而与政治、道德意义上的责任混淆，导致理论与实践中的困境。就此而言，我们首先应当对中国行政法上的损失补偿机制作出一个“责任”与“非责任”的划断——将那些不属于行政法律责任范围的损失补偿制度排除（如征收制度，类似于征收的财产限制补偿制度等，本书称为“非责任损失补偿机制”），明确行政法律责任是一种原权利遭受侵害后的救济制度，以“非目的性侵害”作为区分行政法上责任与非责任的界碑。在现代法治国家，这类“非责任损失补偿机制”在权利保障方面的重大意义并不亚于行政法律责任，因此需要结合当下中国法律法规中的相关规范、参照借鉴域外公法理论，予以类型化、理论化和体系化，明确地将其区分于形式上与其十分相似的行政补偿责任。

一、公共负担平等原则的双重维度

在规范构造的形式意义上，非责任损失补偿机制对应于公权力行为所引起的“目的性侵害”之损失填补机制，这一点使它区别于对应于“非目的性损害”的行政法律责任制度。但在价值论的意义上，这种补偿机制和行政补偿责任的理论基础并无实质区别，均体现为“公共负担”或称“公共负担平等”。非责任损失补偿机制以征收补偿最为典型，因此关于征收的理论基础可以适用于这种补偿机制的几乎所有类型。

公平负担或称公共负担平等原则为行政征收补偿制度提供了坚实的、最受认同的理论基础。所谓公平负担理念，①是指国家的公权力活动以公共利益为主要目的，而享受这一利益的社会公众应当公平地分担由此产生的费用，当国家的公务活动对特定的公民造成损害，导致受害人需承担超出一般纳税义务的负担时，基于平等原则，应当由国家利用税收对该受害公民作出补偿，从而将该负担平等地分摊于所有纳税人。② 在这一原则背后，又可以区分出义务论哲学观与功利论哲学观两个维度，公共负担平等原则的实质内涵其实是这两个维度的哲学观相互折中的产物。

---

① 公共负担平等原则缘起于法国公法理论，经由法国《人权宣言》的规定而发扬光大，这一原则在德国法上的版本是“特别牺牲理论”，是指“对财产的侵害采取剥夺或负担的形式，以不同于其他人的特别方式影响有关的个人或者人群，从而强制后者为公众承担特别的、与其他人相比不公平的，而且通常不可预期的牺牲”。参见［德］哈特穆特·毛雷尔：《行政法学总论》，高家伟译，法律出版社2000年版，第667页。

② 参见马怀德主编：《国家赔偿问题研究》，法律出版社2006年版，第39页。

义务论哲学观以康德哲学为基础,强调私权不容侵犯乃是“公众”这一客观价值的应有之义,是责任政府、有限政府理论的核心内涵,主张最大限度地减少国家对私权的干预,反对恣意的公共征收。[①] 这种哲学观主张尽可能地降低公共活动给个人造成的负担,而一旦负担成为事实则主张给予受损害私权以全面保障,其主要观点为:(1)以私权完整的最大化保障为目标,尽可能地避免行政征收的发生,一旦私权的原初状态被打破,完整性遭到破坏,即认定为应予补偿;(2)一旦征收不可避免,应以私权的恢复为基准,作尽可能完全的补偿;(3)对征收行为的合宪性判断以保护私权完整性为出发点,即使已经对被征收者作了足额的补偿,但没有达到恢复到私权原初状态的程度,仍然可能构成违宪而撤销征收决定。[②] 功利主义哲学观强调社会福利的最大化,主张国家为了扩大社会整体福利可牺牲私益,只有当私权受到限制未被充分弥补时才构成征收并予以补偿。其主要观点为:(1)国家基于公共利益干预私权时,所造成的利益减损未被充分弥补时可认定为征收,而当私权的原初状态虽被打破,但私权上的利益仍然维持总量平衡的情况下,不认定为征收;(2)当征收发生时,通过成本效益分析着眼于对私权利益的弥补,使得社会公共利益与个体私益之间达到一种平衡,而非着眼于私权原初状态的恢复;(3)征收行为的合宪性受到补偿的充分程度的影响,当被征收者的私权利益减损已经受到充分的弥补时,征收的合宪性就有可能成立。[③]

---

① See Richard A. Epstein, *Takings: Private Property and the Power of Eminent Domain*, Harvard University Press, 1985, p. 5 – 6.

② 参见蒋成旭:《公法责任的概念及其体系化》,浙江大学 2017 年博士学位论文,第 140 ~ 141 页。

③ 参见蒋成旭:《公法责任的概念及其体系化》,浙江大学 2017 年博士学位论文,第 141 ~ 142 页。

这两种观念的最大区别在于:征收成立的认定标准以及征收成立后的补偿范围不同。在义务论看来,只要私权的原初状态被打破,即使给予了足额的补偿,仍然构成征收,补偿则以恢复私权的原初状态为目标。而在功利论的视域中,在私权的原初状态被打破的情形中,只要当所附着的利益未被充分补偿时才构成征收,补偿则着眼于公益与私益之间的平衡,不追求权利的恢复原状。这实际上是导向公共负担平等原则的两种不同方案,现实中各国关于征收补偿的标准和界限问题,始终是两者之间的平衡或调和的产物,而不可能唯其中某种理论马首是瞻。一般认为,在近代"自由国家"(夜警国家)时期,各国的征收补偿制度侧重于私权全面保护的义务论哲学观;而在"社会国家"阶段,随着"私有财产绝对"观念的消退,其重心又发生了向功利主义哲学观倾斜的趋势。① 在具体案件的判决中,法官往往基于特定时代的法政策学考量,在这两个维度中各有侧重。②

另一个需要考虑的问题是财产权的社会义务与征收之间的关

---

① 参见林来梵:《从宪法规范到规范宪法——规范宪法学的一种前言》,法律出版社2001年版,第182页以下。

② 如在1978年的宾夕法尼亚中央运输公司诉纽约市一案(*Penn Central Transportation Co. v. City of New York*)中,当事人的不动产因具有历史文化景观价值而被限制进行开发建设,但其土地发展权被允许转移。法院认为,可转移的土地发展权抵消了政府的弥补责任,此案显然是典型的功利主义哲学观的体现;但在1997年的苏特姆诉塔霍区域规划局一案中(*Suitum v. Tahoe Regional Planning Agency*),美国联邦最高法院的意见针对可转移土地发展权机制的运用能否阻却一项土地利用规制成立规制性征收的问题有所分歧,斯卡利亚大法官指出,一项针对特定土地的利用限制规制,不会因为该土地所有人从其他途径获得了利益减损的弥补而否定一项宪法意义上的征收,在他看来,保障财产权本身,是先于弥补利益减损的。首先要认定这项规制的限制程度是否达到了构成规制性征收的"限度",若达到,那么就应当首先考虑将限制除去的可能,回复财产权的完整状态,而不是直接用事后的弥补来证成这项限制的正当性。此案显然又具有鲜明的义务论哲学观对权利进行完整保护的特征。(参见蒋成旭:《公法责任的概念及其体系化》,浙江大学2017年博士学位论文,第143~145页)

系。近现代宪法制度对私人财产权的保护经历了从古典自由主义财产权绝对、财产权神圣不可侵犯到财产权的行使须同时有助于公共利益的转变。在这一背景下，财产权的社会义务理论应运而生，这种义务乃是私人财产为了社会公共福祉所应承受的正常负担，属于“不予补偿的单纯限制”。财产权伴随社会义务的理念，是对“所有权绝对”理念的反思，其社会经济背景是个人的基本生存状态从主要依赖私有财产到主要依赖社会关联的转变，①财产权具有社会义务使得国家因实现公益对私人财产进行限制的情形分为两大类：一是不予补偿的单纯限制；二是应予补偿的公共征收。这成为设定公共征收补偿制度的界限所在。这种无补偿的单纯限制在各国法律制度中大量存在。然而，在财产权的社会义务与征收之间建立区分标准并非易事，尤其是征收补偿理论中的功利主义哲学观亦注重财产权所应承担的公共义务，使得两者之间极易产生混淆。在以德国为代表的欧陆法系国家，适用最广、最有影响力的仍然是“特别牺牲”理论，即以个人财产所受的限制是否超出了一般社会成员所应承受的权利限制达到“特别牺牲”的程度。

二、中国制度的定位

我国《宪法》第 13 条第 3 款规定：“国家为了公共利益的需要，可以依照法律规定对公民的私有财产实行征收或者征用并给予补偿。”这是征收制度在我国宪法上的依据。随着改革开放以后经济的快速发展，我国早已进入一个大规模开发、建设的时期，实践中因公益目的对公民私有财产进行限制成为我国较为普遍的社会现象，这对行政征收补偿等非责任损失补偿机制的建构与完善提出了急

---

① 张翔：《财产权的社会义务》，载《中国社会科学》2012 年第 9 期。

迫的要求。《宪法》虽然规定了财产征收的依据,但缺乏权威机关的解释以及具体立法,对于何谓征收、征收成立要件以及征收补偿的标准等问题,都缺乏统一明确的标准。实践中具体的征收补偿的事项,则由各类法规、规章作出零散而不成体系的规定,各地方、各区域的做法亦不尽一致。最为典型的是我国的农村土地征收补偿制度,我国《土地管理法》规定的补偿标准因形成于计划经济时代,并未充分重视土地要素的市场价值,早已失去实效性,而各地根据实际情况自行实施的补偿制度则显现出一种五花八门、形态各异的状态,并不利于在法制统一前提下对公民财产进行平等的保护。① 在学理层面,尽管学界主张借鉴域外理论以"公共负担平等"作为基本原则建构我国的征收补偿制度,但对于这一原则的具体内涵仍然缺乏深入的探讨,也没有得到立法与实践层面的呼应。从实践中的普遍做法观察,我国的征收补偿制度似乎比功利主义哲学观更为注重社会福利最大化的实现,对于私权的保护十分欠缺。因为从法律、法规以及各种政策文件的规定来看,我国几乎所有征收补偿具体类型的关注点都在于补偿的标准问题,至于征收的成立条件等均在所不问,似乎只要政府认定存在公共利益,征收的发动就天经地义,根本不顾及个案中的利益衡量直接决定征收是否正当。② 而在补偿标准方面,亦呈现十分混乱的局面,随着 2011 年《国有土地上房屋征收与补偿条例》的施行,城市房屋征收补偿开始适用市场价值标准,使得这一领域长期存在的因补偿标准太低引发的诸多社会抗争逐渐消失,但在农村集体土地的征收补偿问题上,由于《土地管理法》规定的统一补偿标准已无法适用,一些

① 参见叶必丰:《城镇化中土地征收补偿的平等原则》,载《中国法学》2014 年第 3 期。

② 参见余军:《"公共利益"的论证方法探析》,载《当代法学》2012 年第 4 期。

地区尝试探索的各种基于"土地发展权"而形成的新型补偿方式，虽在很大程度上缓解了补偿不足引起的社会矛盾，但在土地双轨制的大背景下，农村土地的征收补偿问题仍然是当下中国严峻的社会问题。[①]

以征收补偿为代表的非责任损失补偿机制亟须在理论、立法与法律实践等各层面进行整理和重构。在法理上，需要进一步明确这种补偿制度中公共负担平等原则的理论根据与正当性所在，欲使这一制度更好地发挥私权保障的功能，在理论上强化公共负担平等原则中注重私权完整保障的义务论哲学观，或许能在一定程度上产生矫正的效果。而在制度建构层面，我国亟须在不动产征收领域形成相对统一的法律制度。尽管 2011 年施行的《国有土地上房屋征收与补偿条例》基本实现了城市不动产征收制度的市场化接轨工作，但迄今仍然踌躇不前，农村土地制度改革使得农村不动产征收补偿制度的推进难以突破。在不动产征收领域形成相对统一的法律制度，实现城市与农村不动产征收补偿制度的接轨以及权利的平等保障，已经成为当今市场化改革与推进法治进程的当务之急。

除了不动产征收补偿制度外，我国现有的法律、法规和规章等规范性文件中还有许多关于其他类型的非责任损失补偿机制规定，借鉴大陆法系公法的有关分类，大致可以分为以下类型。[②]

1. 财产权限制补偿。这是指尚未达到行政征收的程度，但机理与行政征收非常近似，因兴办公共事业或因其他公益上的原因，对私人财产权使用有所妨碍或造成可得收益的减少而产生的补偿机

① 参见杨明洪、刘永湘：《压抑与抗争：一个关于农村土地发展权的理论分析框架》，载《财经科学》2004 年第 6 期。

② 有关非责任损失补偿机制的具体类型，详见本书第三章。

制。如我国《防沙治沙法》第35条规定:"因保护生态的特殊要求,将治理后的土地批准划为自然保护区或者沙化土地封禁保护区的,批准机关应当给予治理者合理的经济补偿。"

2. 公益牺牲补偿。这是指行政主体因公益所需,对私人财产权以外的其他权利(如生命、健康、身体、自由等权利)造成损害引起的补偿机制。如我国《疫苗流通和预防接种管理条例》第46条第1款规定:"因预防接种异常反应造成受种者死亡、严重残疾或者器官组织损伤的,应当给予一次性补偿。"

3. 信赖利益补偿。这是指人民因信赖公权力措施而有所举措时,如因该措施的事后变动而受有损失者,国家所给予的补偿。如我国《行政许可法》第8条第2款规定:"行政许可所依据的法律、法规、规章修改或者废止,或者准予行政许可所依据的客观情况发生重大变化的,为了公共利益的需要,行政机关可以依法变更或者撤回已经生效的行政许可。由此给公民、法人或者其他组织造成财产损失的,行政机关应当依法给予补偿。"

4. 衡平补偿。这是指行政机关对于那些不在"特别牺牲"范围内的个人财产损失予以补偿的机制。这类补偿发生在举办公益事业致使众多权利人受损(不针对具体个人),而损失尚未达到"特别牺牲"程度的情形;或者是损害和公权力不存在直接关联,而是经过较长时间的累积或较为间接的关系而形成关联。我国立法上关于衡平补偿的例子主要有生态效益补偿和自然资源补偿。前者如《水土保持法》第31条规定,"国家加强江河源头区、饮用水水源保护区和水源涵养区水土流失的预防和治理工作,多渠道筹集资金,将水土保持生态效益补偿纳入国家建立的生态效益补偿制度",《水污染防治法》第8条规定,"国家通过财政转移支付等方式,建立健全对位于饮用水水源保护区区域和江河、湖泊、水库上游地区的水环境生态保护补偿机制”。

上述分类借鉴了大陆法系公法的分类标准。在德国，上述类型主要是法官在司法实践中通过判例法发展而成，较为全面地覆盖了非责任损失补偿领域可能发生的情形。这可以作为我国今后条件成熟时制定统一的国家补偿制度的参考。

第三节　行政补偿责任与行政赔偿责任理论之修正

在行政法律责任体系内部，修正我国现有的行政赔偿责任与行政补偿责任理论，应当始于对违法归责原则的矫正。正如德国学者阿赫特贝格教授所言，“不应在概念上把补偿与合法行为、赔偿与违法行为捆绑在一起”[①]，我国行政法理论与实务，应当彻底抛弃行政赔偿责任的违法归责原则——这一在理论上难以自圆其说、基于对相关概念的误解而产生的学说，并参照传统法律责任理论“客观不法”与“主观有责”的框架修正行政法律责任的基本结构，具体而言，应当包括以下几个层面。

一、以“客观不法”与“主观有责”为框架建立过错归责原则与无过错归责原则

我国行政法应当以“过错原则”“无过错原则”作为基本的归责原则，将其分别适用于行政赔偿责任与行政补偿责任，这是行政法律责任作为公法上的侵权法之本质属性的要求。这一方案完全可以在现有《国家赔偿法》体系下通过法律解释机制得到实现。

---

① 刘飞：《德国公法权利救济制度》，北京大学出版社2009年版，第135页。

2010 年修正后的《国家赔偿法》将第 2 条修改为,“国家机关和国家机关工作人员行使职权,有本法规定的侵犯公民、法人和其他组织合法权益的情形,造成损害的,受害人有依照本法取得国家赔偿的权利”,取消了原条文中的“违法”字样。而《国家赔偿法》第 3、4 条关于行政赔偿事项的规定,则保留了“违法”之表述。其中,第 3 条就“侵犯人身权”的情形规定:“行政机关及其工作人员在行使行政职权时有下列侵犯人身权情形之一的,受害人有取得赔偿的权利:(一)违法拘留或者违法采取限制公民人身自由的行政强制措施的;(二)非法拘禁或者以其他方法非法剥夺公民人身自由的;(三)以殴打、虐待等行为或者唆使、放纵他人以殴打、虐待等行为造成公民身体伤害或者死亡的;(四)违法使用武器、警械造成公民身体伤害或者死亡的;(五)造成公民身体伤害或者死亡的其他违法行为。”第 4 条对“侵犯财产权”的情形规定:“行政机关及其工作人员在行使行政职权时有下列侵犯财产权情形之一的,受害人有取得赔偿的权利:(一)违法实施罚款、吊销许可证和执照、责令停产停业、没收财物等行政处罚的;(二)违法对财产采取查封、扣押、冻结等行政强制措施的;(三)违法征收、征用财产的;(四)造成财产损害的其他违法行为。”

这些规定为行政赔偿责任在“客观不法”“主观有责”的框架中确立过错归责原则、无过错归责原则留下了解释空间。首先是“客观不法”要件的建构。我国《国家赔偿法》未明文规定适用违法归责原则,这一归责原则的产生基于解释者对法律的理解,即使立法机关在立法说明中认为应当使用违法归责原则,至多也只能理解为这是立法者的“原意”,而在现代法学方法论中,“立法原意”并非法律解释的最终标准,当原意解释无法适应客观司法实践的需求时,解释者可以当下可接受的、具备正当性的客观解释标准为准则理解法条的含义。[①] 这同样也为我们在“客观不法”“主观有责”框架下确立过错归责原则、无过错归责原则提供了空间。按照“客观不法”“主观有责”的二元框架，《国家赔偿法》第3、4条中关于“违法”的规定，可以理解为侵权法意义上的“不法”，指向公权力行为导致侵害后果的不法性，而不是指行政诉讼层面上的行政行为违反合法性要件，因为上述规定中，除了“拘留、罚款、吊销许可证和执照、责令停产停业、没收财物等行政处罚措施”以及“查封、扣押、冻结等行政强制措施”属于典型的类型化行政行为，可用行政行为的合法性要件予以评价之外，其余的规定——尤其是“造成公民身体伤害或者死亡”与“造成财产损害”的其他违法行为——均有可能涉及非典型的行政行为（如事实行为、与职权相关行为）致使公民权利遭受侵害的情形，这些行政活动方式都不能用行政行为的合法性要件予以评价是否合法；另外，基于“违法”与“不法”在汉语语义上的近似性，将“违法”解释为侵权法上的“不法侵害”，应不会引起理解上的歧义。这样，行政法律责任中的“客观不法”要件就得以建立。

那么，如何建立法律未明文规定的过错归责原则和无过错归责原则呢？正如有学者所言，2010年修法为我国国家赔偿制度适用多元化归责原则提供了可能，本书认为，所谓多元化归责原则，应当回归传统侵权法理论的标准。在缺乏判例法传统的条件下，归责原则的确立需依赖于立法机关的立法解释或者是最高人民法院的司法解释提供依据。有关法律解释可以包含以下两个层面的内容：(1)国家机关和国家机关工作人员行使职权，因故意或过失违法（不法）侵害公民权利的，承担赔偿责任；(2)无过错违法（不法）

---

① 参见［德］卡尔·拉伦茨：《法学方法论》，陈爱娥译，台北，五南图书出版公司1993年版，第236~242页。

侵害公民权利的，承担补偿责任。

这样的解释方法同时也为行政补偿责任提供规范依据创造了条件。在目前我国尚无法规范对行政补偿责任作出统一、集中规定的情形中，《国家赔偿法》的规定可以暂时承担这一功能。因为按照前述解释方案，《国家赔偿法》第3、4条关于行政赔偿事项的规定只涉及“客观不法性”要件，并不涉及“有责性”判断，因此这些规定的事项（尤其是其中的“造成侵害的其他违法行为”之规定）就有可能包含了行政机关及其工作人员无过错行使职权导致侵害的情形。这样，《国家赔偿法》就具备了过错责任、无过错责任之二元归责原则，可以将行政赔偿责任和实质意义上的行政补偿责任纳入其中。①这种解释方案也可以得到有关法律法规的支持，如《人民警察使用警械和武器条例》第15条规定：“人民警察依法使用警械、武器，造成无辜人员伤亡或者财产损失的，由该人民警察所属机关参照《中华人民共和国国家赔偿法》的有关规定给予补偿。”这一规定中“补偿”，显然可以理解为人民警察在无过错的情况下使用警械、武器造成损害，因而须参照《国家赔偿法》第3条第4项“违法（不法）使用武器、警械造成公民身体伤害或者死亡的”承担补偿责任；如果损害是基于过错而产生，则产生国家赔偿责任。

这种解释方案自然消解了赔偿以“确认违法”为前提条件的争议。过错归责原则的确立使得违法不再是赔偿的前提条件，况且，诸多导致损害的行政活动并非行政行为，根本无法按照行政行为的

① 这种解释方案亦可适用于《国家赔偿法》的刑事赔偿部分，在其中确立过错责任和无过错责任的二元归责原则。学界所认为的目前我国刑事赔偿中的结果归责原则，其实就是一种无过错归责原则，即只要结果造成了对权利的不法侵害（客观不法要件成立），无须考虑过错是否存在。但这仍然远远不够，如果是过错导致的刑事司法过程中的公权力不法侵害，尚需以过错责任确定更高的损失填补标准。

合法性要件来判断是否违法。①

过错归责原则的确立,使得行政赔偿责任中如何认定行政主体及其工作人员的过错可能成为一个新问题。在“过错客观化”的趋势下,我国行政法应当遵循以“违法”推定过错的思路,这就需要对行政行为违法理论进行细化,效仿大陆法系的做法,将违法区分为对“一般的职务义务”和“第三人的职务义务”(或称“对特定人的保护义务”)的违反,只有违反“第三人的职务义务”才可推定过错的存在。那么,哪些行政违法意味着违反“第三人的职务义务”呢?基于丰富的司法经验的积累,在大陆法系行政法上,一般认为以下情形可作为推定过错的违法之具体表现:(1)执法人员忽视了行政行为作出过程中应当遵循的法规;(2)错误地解释法规;(3)服从长官或上级机关的违法指令;(4)认定案件要件事实时,未尽调查义务;(5)对个案事实认定错误;(6)违反安全保护义务。②（详见本书第四章)这或许是值得我们参考的。

---

① 赔偿以“确认违法”为前提条件的做法缘起于德国法,但这是建立在对德国法的错误理解之上的。德国法院在行政诉讼和权利救济上实行二元体制(行政诉讼案件由行政法院管辖、国家赔偿和损失补偿则由普通法院管辖),为了明确划分二者的职责,联邦宪法法院在1981年著名的“湿采石裁判”中规定:请求撤销违法的行政行为由行政法院管辖,这是对权利的第一层次保护,而请求对行政行为导致损害的补偿由普通法院管辖,这是对权利的第二层次保护;第一层次的权利保护优先于第二层次保护,即人民得优先遵循撤销违法行为之救济途径,但这并不表示撤销违法行政行为是请求补偿的必要条件(撤销违法行政行为和赔偿责任也没有任何关系,因为产生赔偿责任的条件是过错,而不是行政行为违法)。如果人民无法提起撤销之诉(如超过诉讼时效),仍可依循第二层次权利保护请求补偿。可见,在德国法上,并不存在赔偿以“确认违法”为前提条件的做法。参见翁岳生编:《行政法》(下),台北,翰芦图书出版公司1999年版,第二十一章“损失补偿”。

② 参见翁岳生编:《行政法》,台北,翰芦图书出版公司1999年版,第二十章。

二、明确行政赔偿责任和行政补偿责任的功能

如果确立过错责任原则(行政赔偿责任)和无过错责任原则(行政补偿责任),那么,我国当下的行政法律责任制度将面临这样一个问题:区分这两种责任的重要意义在于,行政赔偿责任和行政补偿责任在损失填补的范围上存在明显的差别,但在我国当下的实定法上,这种差别是不存在的(至少是不清晰的),从我国国家赔偿的标准来看,其实际上只发挥损失补偿的功能。

这就需要我们在理论上明确过错归责原则的"道义责任论"属性、无过错归责原则的"社会责任论"属性;由过错引起的赔偿责任具有"道义上的可责难性",而无过错责任则不具备这一性质(其实质是利益均衡),过错归责原则因为具有更高的可责罚性,其在行政法律责任中除了发挥侵权责任一般意义上的救济功能、损害分散功能外,还被赋予了针对行政机关的制裁和违法行为抑制、合法状态恢复功能,[①]因此,行政赔偿责任对损害的填补须以完全填补为必要,需对权利受损之人的"可得利益"进行全面填补。而无过错归责原则所蕴含的"公共负担平等""特别牺牲"价值内涵使得它所发挥的功能在于"利益均衡",这决定了行政补偿责任的损失填补范围要小于赔偿责任(仅填补直接损失),所发挥的功能亦仅限于一般意义上的救济功能、损害分散功能。

理论上的修正必然要求相对应的立法调整。按照本书的前述解释方案,《国家赔偿法》将成为行政赔偿责任与行政补偿责任的共同法源,这就要求该法对两种责任的填补损失范围作出界定。

未来《国家赔偿法》的修改,应当明确规定行政赔偿责任与行政

---

① 参见[日]宇贺克也:《国家补偿法》,肖军译,中国政法大学出版社2014年版,第59页。

补偿责任不同的损失填补范围，将行政赔偿责任损失填补标准定位于所失利益的标准，以权利的完全恢复为目标（回复到若没有发生侵害行为时的状态），对本来应当获得而未能获得的利益进行填补，这种损失填补主要包括：(1)因侵害财产权而造成的利益损失，如财产遭受侵害引起的利润损失；(2)侵害生命健康权导致的各种消极损害，包括因全部或部分丧失劳动能力导致收入丧失或减少，或者因死亡而导致的收入损失和误工损失等，如误工费、残疾赔偿金、死亡赔偿金、被扶养人生活费；(3)各种机会的损失，因侵权行为而导致受害人丧失某种机会而产生的损失。而行政补偿责任的损失填补标准则应当定位于所受损害（既有损失），指现有财产的直接减少或者是侵害生命健康权所遭受的积极财产损害，如就医治疗支出的必要费用，增加生活上需要所支出的费用，如残疾辅助器具费，等等。我国当下的国家赔偿标准仅相当于后者。

只有这种标准的建立，才能实现行政赔偿责任“道义上的可责罚性”，彰显这种责任形式对行政主体的批评、抑制与惩罚的功能；而行政补偿责任仅需发挥简单的损失填补功能。

参考文献

一、著作

1. [英]H. L. A. 哈特:《惩罚与责任》,王勇等译,华夏出版社1989 年版。

2. [英]H. L. A. 哈特:《法律的概念》,许家馨、李冠宜译,法律出版社 2006 年版。

3. [德]马克西米利安 · 福克斯:《侵权行为法》,齐晓琨译,法律出版社 2006 年版。

4. [美]德沃金:《法律帝国》,李常青译,中国大百科全书出版社1996 年版。

5. [德]卡尔 · 拉伦茨:《法学方法论》,陈爱娥译,台北,五南图书出版公司 1993 年版。

6. [奥]凯尔森:《纯粹法理论》,张书友译,中国法制出版社2008 年版。

7. [奥]凯尔森:《法与国家的一般理论》,沈宗灵译,中国大百科全书出版社 1996 年版。

8. [美]梯利:《西方哲学史》,葛力译,商务印书馆 1995 年版。

9. [德]马克斯 · 韦伯:《新教伦理与资本主义精神》,黄晓京、彭强译,四川人民出版社 1986 年版。

10. [英]罗素:《西方哲学史》,马元德译,商务印书馆 2001 年版。

11. [德]康德:《实践理性批判》,韩水法译,商务印书馆 1999 年版。

12. [德]康德:《法的形而上学原理——权利的科学》,沈叔平译,商务印书馆 1991 年版。

13. [德]黑格尔:《法哲学原理》,范扬、张启泰译,商务印书馆 1997 年版。

14. [英]休谟:《人性论》,关文运译,商务印书馆 1997 年版。

15. [美]E. 博登海默:《法理学法律哲学与法律方法》,邓正来译,中国政法大学出版社 1999 年版。

16. [英]伯特兰 · 罗素:《伦理学和政治学中的人类社会》,肖巍译,中国社会科学出版社 1992 年版。

17. [英]弗里德利希 · 冯 · 哈耶克:《自由秩序原理》(上册),邓正来译,生活 · 读书 · 新知三联书店 1997 年版。

18. [日]小河原诚:《波普批判理性主义》,毕小辉等译,河北教育出版社 2001 年版。

19. [日]福田平、大塚仁:《日本刑法总论讲义》,李乔等译,辽宁人民出版社 1986 年版。

20. [德]哈特穆特 · 毛雷尔:《行政法学总论》,高家伟译,法律出版社 2000 年版。

21. [德]文德尔班:《哲学史教程》(下),罗达仁译,商务印书馆 1993 年版。

22. [英]彼得 · 斯坦等:《西方社会的法律价值》,王献平译,中国人民公安大学出版社 1990 年版。

23. [法]迪尔凯姆:《社会学研究方法论》,胡伟译,华夏出版社 1988 年版。

24. [日]宇贺克也:《国家补偿法》,肖军译,中国政法大学出版社 2014 年版。

25. 刘军宁:《保守主义》,中国社会科学出版社 1998 年版。

26. 王成栋:《政府责任论》,中国政法大学出版社 1999 年版。

27. 朱新力主编:《行政法律责任研究——多元视角下的诠释》,法律出版社 2004 年版。

28. 胡建淼:《行政法学》,法律出版社 2003 年版。

29. 胡建淼:《行政法学》,法律出版社 2010 年版。

30. 董保城、湛中乐:《国家责任法——兼论大陆地区行政补偿与行政赔偿》,台北,元照出版有限公司 2005 年版。

31. 史尚宽:《债法总论》,中国政法大学出版社 2000 年版。

32. 史尚宽:《民法总论》,中国政法大学出版社 2000 年版。

33. 陈兴良:《本体刑法学》,商务印书馆 2001 年版。

34. 陈兴良:《刑法的人性基础》,中国方正出版社 1996 年版。

35. 陈兴良:《刑法哲学》,中国政法大学出版社 2000 年版。

36. 张文显:《二十世纪西方法哲学思潮研究》,法律出版社 1996 年版。

37. 张文显:《法学基本范畴研究》,中国政法大学出版社 1993 年版。

38. 孙笑侠:《法的现象与观念》,山东人民出版社 2001 年版。

39. 孙笑侠:《法律对行政的控制——现代行政法的法理解释》,山东人民出版社 1999 年版。

40. 冯军:《刑事责任论》,法律出版社 1996 年版。

41. 翁岳生编:《行政法》,中国法制出版社 2009 年版。

42. 翁岳生编:《行政法》,台北,翰芦图书出版公司 1999 年版。

43. 章剑生:《现代行政法总论》,法律出版社 2014 年版。

44. 陈忠林主编:《违法性认识》,北京大学出版社 2006 年版。

45. 曾世雄:《损害赔偿法原理》,中国政法大学出版社 2001 年版。

46. 王泽鉴:《侵权行为法》(第 1 册),中国政法大学出版社 2001 年版。

47. 江必新、梁凤云、梁清:《国家赔偿法理论与实务》,中国社会科学出版社 2010 年版。

48. 沈开举主编:《行政补偿法研究》,法律出版社 2004 年版。

49. 王太高:《行政补偿制度研究》,北京大学出版社 2004 年版。

50. 马怀德主编:《完善国家赔偿立法基本问题研究》,北京大学出版社 2008 年版。

51. 刘飞:《德国公法权利救济制度》,北京大学出版社 2009 年版。

52. 应松年主编:《当代中国行政法》,中国方正出版社 2005 年版。

53. 马怀德主编:《国家赔偿法学》,中国政法大学出版社 2001 年版。

54. 陈新民:《中国行政法学原理》,中国政法大学出版社 2002 年版。

55. 梁慧星:《民法总论》,法律出版社 1996 年版。

56. 梁慧星:《民法学说判例与立法研究》,中国政法大学出版社 1993 年版。

57. 甘雨沛、何鹏:《外国刑法学》(上),北京大学出版社 1996 年版。

58. 张正钊:《国家赔偿制度研究》,中国人民大学出版社 1996 年版。

59. 杨解君、董保城主编:《海峡两岸行政(强制)执行理论与实务对话——2006年海峡两岸行政(强制)执行理论与实务研讨会文集及实录》,中国方正出版社2006年版。

60. [法]米歇尔·福柯:《规训与惩罚》,刘北成、杨远婴译,生活·读书·新知三联书店1999年版。

61. 王利明:《侵权行为法归责原则研究》,中国政法大学出版社1996年版。

62. [日]我妻荣:《事务管理·不当得利·不法行为》,日本评论社1940年版。

63. [日]加藤一郎:《不法行为》,有斐阁1974年版。

64. 叶百修:《国家赔偿法之理论与实务》,台北,元照出版有限公司2009年版。

65. 张翔:《基本权利的规范建构》,法律出版社2017年版。

66. 林来梵:《从宪法规范到规范宪法——规范宪法学的一种前言》,法律出版社2001年版。

67. 刘连泰、刘玉姿等:《美国法上的管制性征收》,清华大学出版社2017年版。

68. 姜明安主编:《行政法与行政诉讼法》,北京大学出版社、高等教育出版社2015年版。

69. 台湾行政法学会主编:《损失补偿、行政程序法》,台北,元照出版有限公司2005年版。

70.《马克思恩格斯全集》(第1卷),人民出版社1995年版。

71.《马克思恩格斯选集》(第3卷),人民出版社1972年版。

72. [德]鲁道夫·冯·耶林:《为权利而斗争》,梁慧星译,中国法制出版社2001年版。

73. 王明扬:《法国行政法》,中国政法大学出版社1997年版。

74. 周汉华、何峻:《外国国家赔偿制度比较研究》,警官教育出版社 1992 年版。

75. 余军:《“个人自由”与“人性尊严”》,载郑永流主编:《法哲学与法社会学论丛》(第 1 期),北京大学出版社 2009 年版。

76. 张智辉:《刑事责任通论》,警官教育出版社 1995 年版。

77. B. S. Markesinis, *The German Law of Obligations Volume* Ⅱ *The Law of Torts: A Comparative Introduction*, 3rd edition, Clarendon Press, 1997.

78. Hans Kelsen, *Pure Theory of Law*, University of California Press, 1967.

79. Fleming, *An Introduction to the Law of Torts*, 2nd edition, Clarendon Press, 1985.

80. Richard A. Epstein, *Takings: Private Property and the Power of Eminent Domain*, Harvard University Press, 1985.

二、论文

1. 陶凯元:《法治中国背景下国家责任论纲》,载《中国法学》2016 年第 6 期。

2. 王锴:《我国国家公法责任体系的构建》,载《清华法学》2015 年第 3 期。

3. 李俊、夏军等:《试论我国行政补偿制度》,载《法学评论》1997 年第 1 期。

4. 蒋成旭:《公法责任的概念及其体系化——基于凯尔森规范理论的拓展应用》,浙江大学 2017 年博士学位论文。

5. 蒋成旭:《论结果除去请求权在行政诉讼中的实现路径——以霍菲尔德基本法律概念为视角》,载《中外法学》2016 年第 6 期。

6. 叶必丰:《城镇化中土地征收补偿的平等原则》,载《中国法学》2014 年第 3 期。

7. 刘作翔、龚向和:《法律责任的概念分析》,载《法学》1997 年第 1 期。

8. 周汉华:《论国家赔偿的过失责任原则》,载《法学研究》1996 年第 3 期。

9. 周友军:《德国民法上的违法性理论研究》,载《现代法学》2007 年第 1 期。

10. 魏振瀛:《〈民法通则〉规定的民事责任——从物权法到民法典的规定》,载《现代法学》2006 年第 3 期。

11. 杜仪方:《论合规药品致害之国家责任——基于合规药品致害的民事和行政救济的局限之展开》,载《政治与法律》2013 年第 7 期。

12. 孙谦:《构建我国刑事被害人国家补偿制度之思考》,载《法学研究》2007 年第 2 期。

13. 李学宽、胡玉霞:《现代法律援助制度中的国家责任》,载《现代法学》2001 年第 5 期。

14. 彭锡华:《法律援助的国家责任——从国际人权法的视角考察》,载《法学评论》2006 年第 3 期。

15. 苗连营:《公民受教育权实现中的国家责任》,载《华东政法学院学报》2006 年第 2 期。

16. 林丹红:《大规模人身损害侵权救济中的国家责任》,载《法学》2009 年第 7 期。

17. 杨思斌:《论社会救助法中的国家责任原则》,载《山东社会科学》2010 年第 1 期。

18. 柴瑞娟:《我国农村社会保障构建困境与求解之道——基于国家责任的视角》,载《社会科学家》2011 年第 5 期。

19. 王锴:《从赔偿与补偿的界限看我国〈国家赔偿法〉的修改方向》,载《河南省政法管理干部学院学报》2005 年第 4 期。

20. 王锴:《行政法上请求权的体系及功能研究》,载《现代法学》2012 年第 5 期。

21. 朱狄敏:《风险社会中的国家责任趋同化——以英法国家赔偿制度变迁为例》,载《浙江学刊》2013 年第 2 期。

22. 蔡仕鹏:《行政赔偿违法归责原则的合理定位》,载《行政法学研究》2008 年第 1 期。

23. 余军、朱新力:《法律责任概念的形式构造》,载《法学研究》2010 年第 4 期。

24. 余军:《法律责任概念的双元价值构造》,载《浙江学刊》2005 年第 1 期。

25. 余军:《行政法律行为理论的梳理与界别——从"法效意思"到"客观意思"》,载《求索》2004 年第 9 期。

26. 朱新力、余军:《国家赔偿归责原则的实证分析》,载《浙江大学学报(人文社会科学版)》2005 年第 3 期。

27. 余军:《对作为行政诉讼"通道"的功能性概念的再认识》,载《政法论坛》2005 年第 1 期。

28. 余军:《"公共利益"的论证方法探析》,载《当代法学》2012 年第 4 期。

29. 古力、余军:《行政法律责任的规范分析——兼论行政法学研究方法》,载《中国法学》2004 年第 5 期。

30. 杨明洪、刘永湘:《压抑与抗争:一个关于农村土地发展权的理论分析框架》,载《财经科学》2004 年第 6 期。

31. 陈裕琨:《分析法学对行为概念的重建》,载《法学研究》2003 年第 3 期。

32. 陈景辉:《合规范性:规范基础上的合法观念——兼论违法、不法与合法的关系》,载《政法论坛》2006 年第 2 期。

33. 张翔:《财产权的社会义务》,载《中国社会科学》2012 年第 9 期。

34. 王千维:《民事损害赔偿责任成立要件上之因果关系、违法性与过失之内涵及其相互间之关系》,载《中原财经法学》2002 年第 3 期。

35. 王卫国:《试论民事责任的过错推定》,载《法学研究》1982 年第 5 期。

36. 王涌:《私权的分析与建构——民法的分析法学基础》,中国政法大学 1999 年博士学位论文。

37. 陶凯元:《推动国家赔偿和司法救助工作新发展》,载中华人民共和国最高人民法院网 2017 年 11 月 23 日,http://courtapp.chinacourt.org/zixun-xiangqing-70162.html。

38. Wesley Newcomb Hohfeld, *Fundamental Legal Conceptions as Applied in Judicial Reasoning*, Dartmouth Publishing Company and Ashgate Publishing Limited, 2001.

39. Francesco Parisi, *The Genesis of Liability in Ancient Law*, George Mason University school of law, Law and Economics Working Papers Series, 2001, p. 1-27.

40. H. L. A. Hart, *Varieties of Responsibility*, Law Quarterly Review 83, 1967.

41. Giuseppe Dari Mattiacci, *Errors and the Functioning of Tort Liability*, George Mason University Law & Economics, Research Paper Series No. 3-40; Supreme Court Economic Review, Vol. 13, 2005, Available at SSRN: https://ssrn.com/abstract=442041 or http://

dx. doi. org/10. 2139/ssrn. 442041.

42. Francesco Parisi, *The Genesis of Liability in Ancient Law*, George Mason University school of law, Law and Economics Working Papers Series, 2001.

43. Kenneth W. Simons, *Dimensions of Negligence in Criminal and Tort law*, The Boston University School of Law Working Paper Series Index, http://www. bu. edu/law/faculty/paper.

44. Draft Restatement (Third) of the law, *Torts* : *Liability for Physical Harm*1, Tent. Draft No. 1 (March 28 2001), § 1, comments a, d.